你长大之前必读的66本书

·你长大之前必读的66本书·

小狐狸买手套

〔日本〕新美南吉 著　　周龙梅 彭懿 译

人民文学出版社

いにみなんきち
手袋を買いに
东京株式会社讲谈社,1989

图书在版编目(CIP)数据

小狐狸买手套/(日)新美南吉著;周龙梅,彭懿译.—北京:人民文学出版社,2015

(你长大之前必读的66本书)

ISBN 978-7-02-010727-8

Ⅰ.①小… Ⅱ.①新… ②周… ③彭… Ⅲ.①童话—作品集—日本—现代 Ⅳ.①I313.88

中国版本图书馆CIP数据核字(2014)第299041号

责任编辑　王瑞琴
装帧设计　李思安　马诗音
责任印制　苏文强

出版发行　人民文学出版社
社　　址　北京市朝内大街166号
邮政编码　100705
网　　址　http://www.rw-cn.com

印　　刷　北京季蜂印刷有限公司
经　　销　全国新华书店等

字　　数　110千字
开　　本　710毫米×1000毫米　1/16
印　　张　10.5　插页3
印　　数　1—8000
版　　次　2015年1月北京第1版
印　　次　2015年1月第1次印刷

书　　号　978-7-02-010727-8
定　　价　22.00元

如有印装质量问题,请与本社图书销售中心调换。电话:01065233595

关于本书

小狐狸买手套

这是一部日本童话作家新美南吉的童话集。新美南吉(1913—1943)生长在日本爱知县的一座乡村,故乡的自然和风土人情,孕育了他,身边勤劳的农民及他们清苦的生活,成为他创作的源头活水。

新美南吉的本名是新美正八,新美南吉是他的笔名。新美是他的母姓,他四岁丧母,由外祖母养大,父亲与继母结婚之后,他才重新回到父亲的家中。也正因为如此,在他后来所写的童话中,始终贯穿了一个渴望爱,渴望母爱,渴望与他人相融的主题。新美南吉作品质朴自然,充满人情味。

新美南吉的童话一般被分为幼年童话和童话故事。

幼年童话

新美南吉幼年童话的主要作品有《糖球》《红蜡烛》《去年的树》《蜗牛的悲哀》,它们的篇幅很短,最短的几百字,最长的不过一千多字。

这些作品的文字都非常简练，朗朗上口，有人甚至说他的这些幼年童话就是为了大声朗读而创作的。幼年童话中，有很多武士登场，例如在《糖球》《轿夫》《变成了木屐》以及《武士和猴子》中，都有武士的身影。为什么会有这么多的武士出现呢，新美南吉研究者巽圣歌说，这是因为新美南吉受到了历史故事《赤穗浪士》的影响。《赤穗浪士》有点类似我们的《水浒传》。在当时，描写武士的故事是一大潮流，但新美南吉更喜欢描写武士人性的一面。在他的笔下，没有砍砍杀杀的武士，都是些极富人情味的武士。《武士和猴子》，就通过五位武士先后对猴子不同的态度，揭示了他们善良仁慈的本性。《糖球》更是别具匠心，武士竟用大刀为两个小孩劈开了一粒小糖球，让战场上的大刀变成了和平景色中一件普普通通的生活道具。

《蜗牛的悲哀》和《影子》也是两篇脍炙人口的名篇。前者"悲哀谁都有"的主题，不知拯救了多少孩子和大人。后者被人称之为寓言般的童话，表达了生活在不同的世界，却拼命追求与他者交融的强烈愿望。

童话故事

新美南吉的童话故事最具代表性的是"小狐狸三部曲"——《小狐狸阿权》《小狐狸买手套》与《小狐狸》。

《小狐狸阿权》是新美南吉的代表作，家喻户晓，在日本即使有人不知道新美南吉的名字，也一定会知道《小狐狸阿权》的故事。他创作这篇童话时,只有十八岁。作品表现的是动物渴望与人类交流,却得不到理解。待到对方醒悟时,一切都已经太迟了。

要说"小狐狸三部曲"的最高杰作,应非《小狐狸买手套》莫属。这篇童话虽然着墨于生活在不同世界的动物与人的心灵沟通,但更感人的却是通篇散发出来的一种爱的光芒。为了小狐狸的幸福,狐狸妈妈倾注了全部的母爱,而这一切正是新美南吉儿时最缺少的东西。

让人遗憾的是,新美南吉这位天才的童话作家,在这个世界上只生活了二十九个年头,在三十岁生日的前夕,他离开了人世。然而,他却为我们留下了大量的优秀作品,不但日本出版了他的童话集,中国也出版了他的多部童话集,中日两国的中小学语文课本里都收入了他的作品。他这些优美感人的作品,将永远留在世人的心里。

周龙梅

2014年11月

目 录

喜欢孩子的神仙 …………………………… 001

去年的树 …………………………………… 005

跟在后面的蝴蝶 …………………………… 008

糖球 ………………………………………… 011

轿夫 ………………………………………… 014

变变变 ……………………………………… 017

变成了木屐 ………………………………… 022

红蜡烛 ……………………………………… 025

影子 ………………………………………… 028

鹅的生日 …………………………………… 031

小和尚念经 ………………………………… 033

蜗牛的悲哀 ………………………………… 036

两只青蛙 …………………………………… 038

狐狸被派去买东西 ………………………… 041

螃蟹的生意 ………………………………… 044

捡来的军号	047
蜗牛	052
马棚边上的油菜花	055
一束火苗	061
一年级小同学和水鸟	063
腿	066
国王与鞋匠	069
小熊	072
小牛犊	074
猴子和武士	076
盗贼和小羊羔	078
树的节日	080
乡村的春天,山里的春天	083
小狐狸买手套	086
小狐狸阿权	096
小狐狸	108
一张明信片	124
音乐钟	131
无名指的故事	143
正坊和大黑	150

喜欢孩子的神仙

有个神仙很喜欢孩子。他总是在树林里唱歌，吹笛子，和小鸟、野兽玩儿，不过有时候也会跑到人住的村子里，跟他喜欢的孩子们玩儿。

可是神仙一次也没有显过形，所以孩子们什么也不知道。

一个大雪过后的早上，孩子们在银白色的原野上玩儿。有一个孩子说：

"咱们把脸印在雪上吧！"

于是，十三个孩子都弯下腰，把圆圆的小脸蛋贴到了白白的雪上。这样一来，孩子们的一排小圆脸就印在雪上了。

"一、二、三、四……"

一个孩子数了数印在雪上的脸。

怎么回事？怎么会有十四张脸？只有十三个孩子，不可能有十四张脸呀！

准是那个看不见的神仙来到了孩子们的身边。神仙也和孩子们一起，把脸印在了雪上。

调皮的孩子们你看看我，我看看你，用眼睛商量着抓神仙。

"咱们来玩打仗游戏吧!"

"好!好!"

就这样,一个身体最结实的孩子当司令,剩下的十二个孩子当士兵,排成了一排。

"立正!报数!"

司令命令说。

"一!"

"二!"

"三!"

"四!"

"五!"

"六!"

"七!"

"八!"

"九!"

"十!"

"十一!"

"十二!"

十二个士兵报完了数。

明明没有人了,可紧接着第十二个孩子,又有一个声音说:

"十三!"

怎么回事？怎么会有十四张脸？只有十三个孩子，不可能有十四张脸呀！

声音清脆悦耳极了。

听到这个声音,孩子们一下子把第十二个孩子团团围住了,嚷嚷道:

"嗨,在这里呢,快来抓神仙呀!"

神仙一下子不知所措了。这可是些调皮捣蛋的孩子,如果被他们抓住就麻烦了。

神仙赶紧从一个高个孩子的胯下钻了出去,匆匆忙忙逃回树林。可是因为他太慌张,不小心掉了一只鞋子。

孩子们在雪地上捡到了那只还热乎乎的小红鞋。

"原来神仙就穿这样的小鞋子呀!"

大家笑着说。

从那以后,神仙就很少从林子里出来了。不过,毕竟是喜欢孩子的神仙,每当孩子们来林子里玩的时候,他总是会从林子深处招呼道:

"喂——喂——"

去年的树

一棵树和一只小鸟是好朋友。小鸟天天在那棵树的枝头上唱歌,树从早到晚听着小鸟歌唱。

寒冷的冬天快要到了,小鸟不得不跟树分手了。

树说:

"再见了,请你明年再来给我唱歌吧!"

"好吧,你要等着我啊!"

说完,小鸟就朝南方飞去了。

春天又来了。原野上和森林里的雪都融化了。小鸟又飞回到好朋友——去年的树那里。

咦,怎么回事?树不见了。只剩下树根还留在那里。

小鸟问树根:

"立在这里的那棵树,到什么地方去了?"

树根说:

"被伐木人用斧头砍倒,运到山谷里去了。"

小鸟朝山谷里飞去。

山谷里有一座很大的工厂,传来了沙沙的锯木头的声音。

小鸟落在工厂的大门上,问:

"大门,你知道我的好朋友树在哪里吗?"

大门回答说:

"你是问树吗?树已经在工厂里被锯成细木条,做成火柴,被卖到远处的村子里去了。"

小鸟朝村子里飞去。

煤油灯旁边,有一个小姑娘。

于是,小鸟问:

"小姑娘,你知道火柴在哪里吗?"

小姑娘回答说:

"火柴已经烧完了。不过,火柴点燃的火苗,还在这盏煤油灯里亮着呢。"

小鸟一动不动地盯着煤油灯的火苗,然后,为火苗唱起了去年的歌。火苗轻轻地摇晃着,好像很开心的样子。

唱完了歌,小鸟又一动不动地看着火苗。后来,小鸟就不知飞到哪里去了。

　　小鸟一动不动地盯着煤油灯的火苗,然后,为火苗唱起了去年的歌。火苗轻轻地摇晃着,好像很开心的样子。

跟在后面的蝴蝶

有一位老爷爷一直在街头卖气球。这把气球有红的、蓝的、黄的、紫的,一只只气球碰来碰去,在风中飘动着。

一只白色的蝴蝶,每天都会飞到气球这里来,从早玩到晚。

在这么多的气球中,白蝴蝶跟一只最小的红气球最要好。

有一天,一个看孩子的阿姨背着小宝宝走过来,花了一分钱,把那只小红气球买走了。

被带走的时候,红气球说:

"蝴蝶,再见了!"

可是,白蝴蝶却说:

"不,我会跟你走!"

于是,白蝴蝶就翩翩地跟着红气球飞去了。

那个看孩子的阿姨穿过林荫道,朝公园那边走去。

红气球被一根线拴着,跟在阿姨后面,而红气球的后面跟着那只白蝴蝶。

一走进公园,看孩子的阿姨就坐在一张长椅上,唱起了摇篮曲:

睡睡睡，睡吧。

睡睡睡，睡吧。

小宝宝还没睡着，阿姨倒先迷迷糊糊地打起瞌睡来了。

白蝴蝶担心地问红气球：

"接下来，你要去哪里呢？"

红气球说：

"我也不知道。"

就在这时，看孩子的阿姨把拴着气球的线松开了。红气球朝天上飘去。

白蝴蝶也跟在后面飞了起来。

"我还不知道要飘到哪里去呢,蝴蝶,你回去吧!"红气球说。

"不,我要跟你一起去。"白蝴蝶说。

红气球和白蝴蝶飞到了高高的天空,从上往下看,镇子就像积木一样小了。

"不要再跟着我了,我还不知要飘到哪里去呢!"红气球又说。

可是,白蝴蝶还是跟着红气球。

不一会儿,红气球和白蝴蝶就都看不见了。

糖 球

　　一个温暖的春日,一位远行的女人带着两个年幼的孩子,搭上了渡船。

　　当渡船快要开走的时候,一个武士从河堤那边跑过来。只见他一边朝这边跑,一边挥手高喊:

　　"喂,等等我!"

　　武士跳上了渡船。

　　渡船出发了。

　　武士一屁股坐到了船中央。太阳暖洋洋的,没多一会儿,他便打起瞌睡来了。

　　孩子们看见这个留着黑胡子的魁梧武士前仰后合地打着瞌睡,觉得滑稽,就忍不住嘻嘻地笑了起来。

　　母亲用手指压住嘴唇:

　　"别出声。"

　　万一把武士惹火了,可就糟了。

　　孩子们不说话了。

过了一会儿,一个孩子伸出手说:

"妈妈,给我一粒糖球吧。"

跟着,另一个孩子也说:

"妈妈,我也要一粒。"

母亲从怀里掏出一个纸包。可是,里面只剩下一粒糖球了。

"给我!"

"给我!"

两个孩子都冲母亲要起来。糖球只剩下一粒了,母亲好为难。

"好孩子,乖!等到了对岸,妈妈去给你们买。"

可孩子们还是"我要!我要"地闹个不停。

这时,打瞌睡的武士突然睁开了眼睛,看着孩子们。

母亲吓坏了,心想,武士一定是因为瞌睡被吵醒了,所以发火了。

"快别吵了!"

母亲想制止两个孩子。

可是,孩子们根本就不听。

就在这时,武士嗖的一下拔出了刀,走到母亲和孩子们的面前。

母亲吓得面无血色,紧紧地护住了两个孩子。她以为武士要杀掉两个孩子。

"把糖球给我!"

武士命令道。

母亲战战兢兢地把糖球递了过去。

武士把糖球放在船帮上,用刀咔嚓一下劈成了两瓣儿。

"给!"

他给了两个孩子一人一瓣儿。

然后,武士又坐回到原处,前仰后合地打起瞌睡来。

轿　夫

月夜的松林小道上，一个武士看见轿夫抬着空轿子从后面跑过来，就坐了上去。

"嗨哟！嗨哟！"

轿子在白晃晃的小道上，一直朝前跑去。

跑了一会儿，就听到后面的轿夫叫了一声："去！"

前面的轿夫听了，也叫了一声："去！"轿子里面的武士觉得莫名其妙，接着，又听见后面的轿夫说："杀死算了！"

"还是再等一等。"前面的那个制止说。

轿子里的武士吓得面无血色，哆嗦起来。他想，他们准是要谋财害命。

"免得惹麻烦，杀掉算了。"

后面的人说完，前面的人又接着说：

"还是等到了前面的悬崖上，扔到溪流里去算了。"

这可不得了！胆小的武士吓得牙齿都打战了。轿子不停地向前奔跑着。

不久，传来了哗哗的流水声。武士把刀连刀带鞘从腰间卸下，又把衣服的下摆也掖了起来。

溪流的流水声越来越响，他突然冲出轿子，一阵风似的逃跑了。

这时，一个轿夫挥动着一根棍子，边叫边追了上来：

"喂，老爷！"

武士没命地逃着，逃到最后连气都喘不过来了，就一屁股坐在了路边。轿夫追上来对他说：

"老爷，您把刀忘在轿子里了。"说着，就把刀递给了他。

"你是想杀了鄙人吗?"武士还在哆嗦。

轿夫对他说:

"老爷,您误会了。是一条野狗老是讨厌地跟着跑,所以我们说要把它扔到溪流里去。"

说完,就哈哈大笑起来。

变 变 变

雨过天晴。在净福院后面的竹林里,蚊子在嗡嗡地叫。月亮出来了,照得湿淋淋的竹叶闪闪发光。

一只母狸和它刚出生没多久、还含着奶头的小狸崽,一起住在金雀花树根下的洞里。

母狸今天晚上打算教小狸崽变幻术,就带他来到了洞外。月光下,遍地是被雨水打落的金雀花。

"来吧,儿子,快放开奶头吧。"

可小狸崽还含着奶头。

"快点儿,快点儿。"

母狸想用手拨开怀里的小狸崽,可小狸崽的嘴还是死死地含着奶头。

"听见了吗?儿子。"

"什么?"

"儿子,你想变成什么啊?"

"我想变成月亮,想从天上往下看。"

"儿子,你真是个小傻瓜。月亮是不能变的!"

小狸崽显出一副很不甘心的样子。

"不嘛,我非要变成月亮!"

母狸抱起了小狸崽,对他说:

"月亮是很可怕的。你要是变成月亮的话,那真的月亮就会生气,你就要遭到报应。来,妈妈变一个可爱的东西给你看,你等着啊!"

母狸把小狸崽放了下来。

"来,儿子,闭上眼睛。等到妈妈说好了再睁开。"

小狸崽听话地闭上了眼睛,可是两只小手却还牢牢地抓着妈妈的手。

"儿子,不行。你要放开妈妈的手。"

"可我怕妈妈不见了。"

"妈妈哪儿也不去,不用怕。马上就会变好的。"

"可是……

"来,再闭上眼睛,儿子,你数十个数,数到十,就可以睁开眼睛了。"

母狸知道小狸崽还不会数到十。但是,因为小狸崽已经闭上了眼睛,还连连点头,母狸就想快点变。

"一,二,三,……七……十!"

小狸崽已经睁开眼睛了,可母狸还没有完全变好呢!她手忙脚乱起来。秃头和一身黑袈裟,是和净福院里的和尚一模一样了,可嘴巴上面却翘着两撇胡子,屁股后面还耷拉着一条粗尾巴。

"哎呀,儿子,还没好呢,还不行。"

母狸赶紧把尾巴藏到了袈裟里,可是却没有发觉还翘着两撇胡子。小狸崽一下子吓呆了。刚才妈妈还在身边呢,可睁开眼睛一看,却是一位陌生的和尚。

小狸崽伤心起来,叫了一声:

"妈妈!"

好像从哪棵树的后面传来了妈妈温柔的声音:

"儿子,妈妈在这里呢!"

可就是不见妈妈的影子。眼前的这个陌生人却说:

"怎么了?儿子。"

是妈妈的声音啊!小狸崽眨巴着眼睛,盯着和尚的脸。

"妈妈!"

他又叫了一遍。

"儿子,你怎么了?儿子。嘿嘿,儿子,上当了吧?我就是妈妈呀!"

母狸抱起了儿子,可小狸崽却撒娇地说:

"我不喜欢这个样子的妈妈,还是真的妈妈好。"

"害怕了吗?"

"嗯。"

"不怕,我就是妈妈。儿子你马上也能变成这个样子的。"

"我不会。"

"所以妈妈才要教给你啊。"

母狸把儿子放下,自己又变回了原来的样子。然后,她就认真地教小狸崽变起和尚来,可是小狸崽怎么也学不会。好不容易头变成和尚了,两只黑手却又露了出来。等到黑手变成白手了,藏在袈裟下面的小尾巴却又露了出来。等到把尾巴掖进袈裟里了,耳朵却又变成了长着毛的狸耳朵。

母狸作难了。

"这可不行,儿子,你要好好记住啊。"

这时,小狸崽却打了一个小哈欠,说:

"妈妈,我困了。"

变成了木屐

从前有个村子,村外有一条小河,小河边有一棵枝繁叶茂的赤杨树。

赤杨树下,一只母狸正在教小狸变幻术。

"要是变成了寺庙里的小和尚,就要穿上袈裟出去。要是变成了武士,就要戴发髻,留胡子,腰里再叉上一把刀。"

"那我就变变寺庙里的小和尚吧。"

小狸变成了小和尚。可糟糕的是,小和尚还留着两撇向上翘的胡子。

"不行。留胡子怎么行?那是变成武士时候的样子。"

母狸失望极了。

情况就是这样,小狸怎么也变不好。可不知为什么,唯有变成木屐,它却十分拿手。

于是,小狸就变成了一双木屐,东一只西一只地丢在赤杨树下。

这时,一位武士从远处走来。武士的木屐带子断了,正在为难呢。

"哎呀,真是太巧了,有一双木屐丢在这儿。"

说完，他就穿上了小狸变成的木屐。

母狸躲在树后看见了，吓得目瞪口呆，这可怎么得了啊！

武士急匆匆地走了。

小狸眼看就要被压扁了，忍不住哼哼地叫了起来。武士吓了一跳，朝脚下看了看，他发现木屐后面露出了一撮像毛笔头似的小尾巴。

不过，武士没管那么多，继续向前走去。

"呜呜呜，妈妈！"

小狸终于受不了了，大声哭了起来。

母狸一边以树为掩护，一边担心地跟在武士后面。

不久，武士进了一个村子，村子里有一家木屐店。

武士买了木屐之后，就把小狸变成的木屐拿到了外面，给了他一块钱，说：

"辛苦你了！"

小狸得到一块钱，就把刚才的痛苦全忘了，兴高采烈地回家去了。

红 蜡 烛

一只猴子从山里来村子玩时,捡到了一支红蜡烛。

红蜡烛可不多见,所以,猴子就把红蜡烛当成了烟花。

猴子小心地把捡来的红蜡烛,带回了山里。

这下山里头可闹翻了天。因为烟花这玩意儿,无论是鹿、狮子、兔子,还是乌龟、黄鼠狼、狸子、狐狸,谁也没有见过。而猴子却把烟花给捡了回来!

"嗬,了不得!"

"挺漂亮嘛!"

鹿、狮子、兔子、乌龟、黄鼠狼、狸子、狐狸,你推我搡地拥过来看红蜡烛。

猴子连忙说:

"危险危险!不能靠得太近,会爆炸的。"

大家吓得连连向后退去。

猴子告诉大家,烟花是如何发出一声巨响飞出去的,又是如何在天空中绽放出五彩缤纷的光芒的。

这么美丽的东西,大家真想亲眼瞧一瞧啊。

猴子说:"那好吧,今天晚上咱们到山顶上放烟花去!"

大家高兴极了。一想到砰的一声,烟花如同星星一般在夜空中绽开,大家能不陶醉吗?

到了晚上,大家兴奋地爬上山顶。

猴子已经把红蜡烛绑在了树枝上,正等待大家的到来。

马上就要放烟花了,可问题是谁也不愿意去点烟花。大家都想看烟花,可是谁也不想去点火。

这样一来,就放不成烟花了。于是,大家抽签来决定谁去点火。

第一个抽到的是乌龟。

乌龟鼓起勇气,向烟花那里爬去。可是火点着了吗?没有点着。乌龟爬到蜡烛边上,便不由地把头缩了进去,怎么也不肯出来了。

于是大家又重新抽签。这回轮到了黄鼠狼。黄鼠狼比乌龟强多了,它没有把头缩回去。可黄鼠狼是高度近视,所以它只是在蜡烛边上东张西望地兜圈子。

最后,狮子冲了出来,狮子是最勇敢的野兽。狮子真的冲上前去把火点着了。

大家吓坏了,连忙跳进草丛中,紧紧捂住了自己的耳朵。何止耳朵,连眼睛也捂得严严实实。

可是蜡烛一声不响,只是在那里静静地燃烧着。

最后,狮子冲了出来,狮子是最勇敢的野兽。狮子真的冲上前去把火点着了。

影 子

月亮升到了头顶上,树影黑黑的,屋顶好像一面镜子,白晃晃的。

从一棵树的树枝上,飘飘悠悠地掉下来一个东西。

那是一只在树枝上沉睡的乌鸦。当落到地上的时候,乌鸦惊恐得睁大了眼睛,因为在他的身下清楚地映出一个影子。乌鸦还从来没有看到过这么清晰的影子呢,那影子简直就像个活物。

"呀呀,呀呀!"乌鸦对自己的影子叫道,可是影子什么也不回答,

只是好像"哎,哎"地张了张嘴。

"你是活的吗？"

乌鸦问。

"我是活的。"

影子像是在回答似的张了张嘴。

"那你会叫吗？"

听乌鸦这么一问,影子像是回答似的说:

"不会,但是我会跑。"

"什么,你会跑？那咱们就比一比吧。我在天上飞,你在地上跑,怎么样？你看,小山那边不是有一片小树林吗？就把那里当作终点吧!"乌鸦说。

影子好像也在说什么,可是乌鸦根本不理睬他,做好了预备起飞的姿势。仔细一看,影子也做好了预备起跑的姿势。

"预备,砰!"

说完,乌鸦就飞了起来。影子也跟着跑了起来。乌鸦从天空上往下一看,只见漆黑的影子在田垄上跑着,就像浪尖儿上的一片树叶,一会儿上升,一会儿下降,跑得非常快。乌鸦觉得自己要输了,所以拼命地飞。可想不到,影子也越跑越快。乌鸦心想,这可不行,就死命地拍打起翅膀来。可是,影子呢,也没命地跑了起来。最后,乌鸦用尽了全身的力气,像只黑手套一样,飘飘悠悠地坠落到了终点的地面上。影子也和乌鸦一起到达了终点。乌鸦上气不接下气地粗声说:

"一起到了。"

影子也好像是在痛苦地张开嘴说：

"一起到了。"

第二天早上，去树林里伐木的樵夫发现，一只乌鸦死在了林子旁边的草地上。

鹅的生日

一个农民家的后院,住着鸭、鹅、旱獭、兔子和黄鼠狼。

话说有一天,正好鹅过生日,大家都被邀请去鹅那儿做客。

再叫上黄鼠狼,客人就齐了,可叫不叫黄鼠狼呢?

大家都知道黄鼠狼并不坏,只是他有一个不好的习惯,那是一个在众人面前说不出口的习惯。什么习惯呢?不是别的,就是它放的屁又响又臭。

可是单单不叫黄鼠狼,黄鼠狼肯定会生气。

于是,兔子被派去叫黄鼠狼。

"今天是鹅的生日,请你也一起去吧。"

"啊,是吗?"

"不过,黄鼠狼,我们有个请求。"

"什么请求?"

"嗯,对不起,请你今天千万不要放屁。"

黄鼠狼很不好意思,脸都臊红了。它立刻回答说:

"好吧,我一定不放!"

就这样,黄鼠狼也到了。

美味佳肴端上来了,有豆腐渣、胡萝卜梢儿,还有瓜皮和菜粥什么的。

大家吃了个痛快,黄鼠狼也吃了个痛快。

大家觉得一切都很如意,因为黄鼠狼没有放屁。

可是糟糕的事情终于还是发生了。黄鼠狼突然倒在地上,昏了过去。

这下可糟了!旱獭医生赶紧检查黄鼠狼那胀得鼓鼓的肚子。

"各位。"旱獭望着大家担心的样子说,"这都是因为黄鼠狼拼命憋着不放屁造成的。唯一的治疗方法就是让黄鼠狼痛痛快快地放个够。"

哎呀呀!大家你看看我,我看看你,无可奈何地叹了口气。唉,看来,还是不应该叫黄鼠狼来啊。

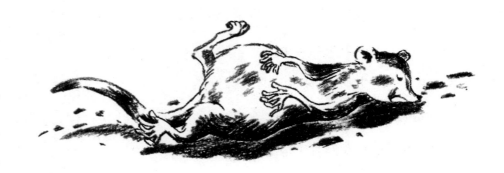

小和尚念经

山上寺庙里的和尚病了,由小和尚代替他去施主那里念经。

小和尚怕忘了,一路上一直不停地念叨:

归命,

无量,

寿如来。

这时,油菜田里的兔子叫道:

"小光头,青青小光头!"

"干什么?"

"玩一会儿再走吧。"

听了这话,小和尚便和兔子玩了起来。过了一会儿,小和尚突然叫道:

"糟糕!我把经文给忘了!"

于是,兔子教他说:

小和尚和兔子玩了起来。

"你就别念经了,就唱《对面的小路上,牡丹花开了》这首歌。"

小和尚到了施主家,照兔子教他的那样,在亡灵面前,用可爱的声音唱了起来:

对面的小路上,

牡丹花开了。

开了开了,

牡丹花开了。

人们听着听着,都吃惊地睁大了眼睛,不禁哧哧地笑了起来。他们还从来没听过这么可爱的经文呢!

做完佛事,施主一本正经地把馒头递给小和尚,说:

"给你,辛苦了!"

"不客气。"

小和尚把馒头揣在袖兜里。

当然,小和尚没有忘记在回家的路上,把馒头分一半给刚才的那只兔子。

蜗牛的悲哀

从前,有一只蜗牛。

有一天,这只蜗牛发现了一件非常严重的事。

"我以前也太大意了,我背上的壳儿里怎么装了这么多的悲哀啊?"

这些悲哀该怎么办才好呢?

于是,这只蜗牛就跑到另一只蜗牛伙伴那里。

"我活不下去了!"

他对伙伴说。

"你怎么了?"

伙伴问他。

开头的那只蜗牛说:

"我是多么的不幸啊!我背上的壳儿里装满了悲哀。"

听了这话,伙伴说:

"不光是你,我的背上也装满了悲哀啊。"

这可就没有办法了,开头的那只蜗牛想。于是,他又跑到另外一个伙伴那里去了。

可是,那个伙伴也对他说:

"不光是你,我的背上也装满了悲哀啊。"

听了这话,开头的那只蜗牛又跑到别的伙伴那里去了。

就这样,他把所有的伙伴都问了个遍,可得到的都是同样的回答。

开头的那只蜗牛终于想通了。

"原来不光是我,大家都有悲哀呀!我今后必须忍受我的悲哀才行。"

从那以后,这只蜗牛再也不唉声叹气了。

两只青蛙

在田野的正当中,一只绿青蛙和一只黄青蛙偶然相遇了。

绿青蛙说:

"哎呀,你是黄色的呀,黄色多脏啊!"

黄青蛙说:

"你是绿色的呀,你以为你自己很美吗?"

这样你一句我一句地说下去,当然没有好结果了。两只青蛙终于打起架来。

绿青蛙一下子跳到了黄青蛙的背上。这只青蛙特别会跳。

黄青蛙用后脚蹬沙子,对方不得不停地掸掉眼珠子上的沙子。

就在这时,一股寒风刮了过来。

两只青蛙这才想到,冬天就要来了,青蛙们该钻进土里过冬了。

"等春天到了,咱们再接着打吧。"

绿青蛙说完,钻进了土里。

"你可不要忘了你说过的话哟!"

黄青蛙也钻了进去。

寒冷的冬天到了,青蛙们钻进了土里。北风呼啸,地面上结了一层冰。

春天来了。

睡在土里的青蛙们,觉得盖在背上的土变得暖和了。

最先醒来的,是绿青蛙。他从土里钻了出来,其他青蛙还没有出来呢。

于是,他对着土里喊:

"喂,起来了!已经是春天了。"

听到喊声,黄青蛙也从土里钻了出来。

"哎呀,春天到了!"

绿青蛙说:

"你忘了去年的那一架吗?"

黄青蛙说:

"等等,等我把身上的土洗掉了再说。"

两只青蛙跳到水塘边,想洗去身上的泥土。

满塘都是汽水般清新的泉水。两只青蛙扑通扑通地跳了进去。

洗掉身上的土后,绿青蛙眨巴着眼睛说:

"哎呀,你的黄色好漂亮!"

黄青蛙说:

"这么一看,你的绿色也相当不错呀!"

于是,两只青蛙互相说:

"咱们和好吧。"

原来,无论人也好,青蛙也好,好好地睡上一觉,心情都会好起来啊。

狐狸被派去买东西

猴子、鹿、狼和狐狸一起住在山里头。他们只有一盏纸罩座灯,那是一盏用纸糊成的四方形座灯。

一到晚上,他们就会点起这盏纸罩座灯。

有一天傍晚,他们发现纸罩座灯没油了。

这下要去村子里的油店买油才行,可是派谁去买呢?

大家都不愿意到村子里去,因为村子里有他们讨厌的猎人和狗。

"那我去吧。"

这时,有一只动物说话了,是狐狸。因为狐狸能变成人类的小孩。

于是,大家决定派狐狸去买灯油。

哎呀,这下子可不得了!

狐狸变成了一个人类的小孩,拖着一双破草鞋,啪嗒啪嗒地朝村子里走去。然后,顺利地买到了一壶油。

可是,在回来的路上,狐狸走在洒满月光的油菜田里,闻到了一股好闻的味儿。他这才发现,原来是从买来的油里发出的香味。

"来一小口,总可以吧?"

说完,狐狸就伸出舌头舔了一口油。啊,实在是太好吃了!

过了一会儿,狐狸又忍不住了。

"再来一小口,总可以吧?我的舌头又不大。"

说着,他又舔了一口。

过了一会儿,又是一口。

狐狸的舌头很小,所以,舔一口只不过是一点点而已。可是因为他一口接一口地舔个不停,所以,一壶油全都被他舔光了。

就这样,等到回到山里时,狐狸把油全都舔光了,拿回来的,只是一只空油壶。

等着他归来的鹿、猴子和狼,看着空油壶,不禁叹了一口气。这下,今天晚上的纸罩座灯是亮不起来了。

大家非常失望,个个心里想:

"唉,真不该派狐狸去买东西啊。"

螃蟹的生意

螃蟹想来想去,最后还是决定开一家理发店。其实螃蟹能够想到这一点,已经是很不容易了。

不过,螃蟹想:理发店的生意怎么这么冷清呢?

为什么这样说呢,因为一位顾客也没来。

于是,螃蟹理发师便拿着剪刀,来到了海边。

章鱼正在那里睡午觉。

"喂,章鱼小弟。"螃蟹叫道。

章鱼睁开眼睛,说:

"什么事?"

"我是理发的,你要不要理发?"

"你好好看看吧,我头上有毛吗?"

螃蟹仔细看了看章鱼的头,果然一根头发也没有,光秃秃的。就算螃蟹理发的手艺再高,面对一个没有头发的光头,也是有劲儿没处使啊。

于是,螃蟹又跑到了山里。狸子正在山里睡午觉。

"喂,狸子大哥。"

狸子睁开眼睛,说:

"什么事?"

"我是理发的,你要不要理发?"

狸子是一种喜欢恶作剧的动物,于是,就想出了一个馊主意。

"好啊,就请你理一个吧。不过,你得答应我一件事。就是给我理完之后,你还得帮我爸爸也剪个头。"

"好的,这很容易。"

终于到了螃蟹大显身手的时候了。

咔嚓,咔嚓,咔嚓。

螃蟹是个小个子,狸子比他大多了,加上狸子浑身上下都是毛,所

以剪得很慢。螃蟹嘴里吐着泡泡,拼命地剪,足足用了三天的时间,才终于完成了任务。

"说好了的,给我爸爸也剪个头!"

"你爸爸有多高啊?"

"有那座山那么高吧!"

螃蟹不知所措了。他想,如果那么高的话,光靠自己一个是不行的。

于是,螃蟹就让自己的孩子们也都做了理发师。岂止儿子啊,连孙子和曾孙们,以及未出生的小螃蟹,都成了理发师。

不信你看,哪怕是我们在路边见到的小螃蟹,也都带着一把剪刀呢。

捡来的军号

从前有一个贫穷的男人。虽然年纪不大,但他既没有父母,也没有兄弟姐妹,就孤零零一个人。

这个男人想:我一定要做一番惊天动地的大事业,成为了不起的人。

正好这时,西边爆发了战争。

听到这个消息,这个贫穷的男人自言自语地说:

"好吧,我到打仗的地方去,立下辉煌的战功,成为一名大将吧!"

于是,他就朝着西边出发了。因为没有钱,他不能坐火车,也不能坐汽车,只好一边挨村挨户讨饭,一边一步一步地朝前走。

"哪里有战争?哪里有战争?"

他到处打听,不知不觉已经走了一两个月了。

快到前线了,从远方传来了大炮的轰隆声。

"喔,听到炮声了。多么雄壮的声音呀!"

男人心情激动,加快了步伐。

天黑了,他来到一个沉睡的村庄。村子里静极了,连狗叫声都听不到，家家户户的门都关得紧紧的，路灯也都黑着。男人倒在花圃边的窝棚里，熟睡过去。

他梦见自己成为一名威武的大将，胸前挂满勋章，手持一把闪闪发光的宝剑，雄赳赳、气昂昂地骑在马上。天很快就亮了。

男人醒来一看，咦，怎么回事？眼前的花圃被践踏得一塌糊涂。

"唉，是谁糟蹋了这么美丽的花圃？"

男人去扶一棵被踩倒的罂粟花，却发现花梗下面有一把黄铜军号。

男人看到军号，高兴得连花也顾不上去扶了。

"啊，就是它。只要有了它，我就可以立功了，让我做一名号手吧！"

可是天亮了，这个村子里仍然没有人出来，连窗户也没有打开。不过，男人因为太得意了，根本就没有发现这些。他吹起雄壮的军号，

又向前走去。

男人走进另一个村子的时候,肚子有点饿了。

这个村子也是空空荡荡的,不过,还有几个人。

男人站在一户人家的窗下,恳求说:

"我饿得不行了,给口饭吃吧!"

屋子里有两位老人,正好要将一个面包切成两半,见饿肚子的男人很可怜,就把面包切成了三块,其中一块施舍给了他。

"你这是要到哪里去呀?"善良的老人问年轻人。

"我要去前线,成为一名号手,好好吹号。"年轻人回答说,说完,就在两位老人面前吹起了雄壮的军号。

嘟嘟嘟嘟,

全体集合,

拿起剑!

嘟嘟嘟嘟,

扛起枪,

举起旗!

嘟嘟嘟嘟,

快快快,

上前线!

嘟嘟嘟嘟!

嘟嘟嘟嘟!

两位老人听了,深深地叹了口气,说:

"我们已经吃够战争的苦头了。就是因为发生了战争,我们的田地才被糟蹋了,连吃的东西都没有了。今后我们可怎么过呀?"

男人与老人们分手之后,又继续向前进,果然像两位老人说的那样,农田被大炮的车轮和马蹄给糟蹋得不成样子。

所有的村子都没有几个人了,剩下的,也都是一张张苍白憔悴的面孔。

男人不免可怜起这些人来。于是,他决定不去参加战争了。

"对了,我应该帮助这些可怜的人们。"

男人把各个村子里剩下的人召集到一起,说:

"大家振作起来,振作起来!把毁掉的田地重耕一遍,播下麦种吧!"

人们振作起来,开始耕地。

早上,第一个起来的是那个男人。天还没有亮,男人就爬上农田中央的高冈,吹起军号。

嘟嘟嘟嘟,

全体起床,

天亮了!

嘟嘟嘟嘟,

扛锄头,

下田去!

嘟嘟嘟嘟,

　播种了,

　　种麦子!

嘟嘟嘟嘟!

嘟嘟嘟嘟!"

于是,大家赶着马,牵着牛,纷纷来到田里干起活来。

不久,播下的种子就发芽了。又过了一段时间,田野一望无际的麦子成熟了。

蜗　牛

一只大蜗牛的背上趴着一只刚刚出生的小蜗牛。小蜗牛小得几乎看不见,简直就像透明的。

"儿子啊,儿子,已经是早晨了,快把眼睛露出来吧。"大蜗牛叫着。

"没有下雨吗?"

"没有。"

"没有刮风吗?"

"没有。"

"真的?"

"真的。"

"那好吧。"小蜗牛脑袋上面悄悄地露出了一双细细的眼睛。

"儿子,你脑袋上面有个很大的东西,对吧?"蜗牛妈妈问。

"嗯,这个刺眼的东西是什么呀?"

"是绿色的叶子。"

"叶子?是活的吗?"

"是活的,不过不会把你怎么样的。"

　　一只大蜗牛的背上趴着一只刚刚出生的小蜗牛。小蜗牛小得几乎看不见,简直就像透明的。

"啊,妈妈,叶子梢上有个闪亮的圆球。"

"那叫朝露。漂亮吧?"

"好漂亮啊!好漂亮啊!圆圆的。"

这时,朝露突然离开了叶梢,掉到了地上。

"妈妈,朝露逃跑了。"

"是掉了。"

"它还会再回到叶子上来吗?"

"不会回来了。朝露一掉下去就摔碎了。"

"哼,真没劲。啊,白叶子飞走了。"

"那可不是叶子,是蝴蝶。"

蝴蝶从叶子和叶子之间穿过,高高地飞上了天空。当蝴蝶不见了之后,小蜗牛问:

"那是什么呀?叶子和叶子之间,远远可以望见的?"

"是天空。"蜗牛妈妈回答说。

"谁在天空里呢?"

"那妈妈就不知道了。"

"天空上面有什么东西呢?"

"那我也不知道了。"

"哼!"小蜗牛使劲儿地伸长了细细的眼睛,久久地望着远处连妈妈也不知道的奇妙天空。

马棚边上的油菜花

马棚的窗外长着油菜。

油菜还没有开花,但是已经结满了花蕾。

春天马上就要到了。马棚前面的阳光,一天比一天温暖,黑土里开始冒出白白的地气。

在芬芳的香味中,油菜的花蕾渐渐地鼓了起来。

"就快了!"一个花蕾悄声说。

"是啊,马上就可以看到外面了!"另一个花蕾回答说。

花蕾们还没看见过这个世界。她们不知道,这个世界分成地面和天空,中间住着叫人的聪明生物和叫小鸟的温柔生物,也不知道,自己将成为一种叫作花的美丽东西。

于是,每朵花蕾都在想:"外面是个什么样的地方呢?"

就在这时,从对面的麦田里,今年的第一只云雀飞上了天空。云雀高高地飞了起来,当他就要消失在远方的时候,他用悦耳的声音唱起了歌。

"啾啾……啾啾……啾啾……啾啾……"

云雀的叫声,就像天上下起金色的雨,落在了马棚旁边的油菜上。

"多么好听的声音啊!"

"是谁能用这么美妙的声音歌唱呢?"

油菜的花蕾们听得入了迷,互相悄声说。

这时,花蕾们的头顶上响起了一个粗粗的声音:"是云雀。"

花蕾们吃了一惊,都不说话了。过了一会儿,当她们镇静下来,又互相悄声说开了:

"刚才那个粗声粗气的声音,是谁啊?"

"准是一个可怕的家伙。"

这时,刚才那个粗声音又响了起来:

"我是马,不是什么可怕的家伙。"

可是,花蕾们还是不知道马是一个什么样的东西。

薄雾一样柔和的春雨,一连下了两三天。雨一停,阳光照下来,比以前更加温暖了。

就在这时,最上面的一朵花蕾终于睁开了眼睛,变成了花。紧跟着,从上到下,花蕾们一个接一个,全都开了。

"哎哟,好晃眼啊!"

每一个花蕾开始时都是这样叫着。那是因为她们最初看到的世界太灿烂了!

不久,当习惯了强烈的光线之后,油菜花们开始环视四周。她们看到了树、田地和道路,看到了房子、天空和水。因为看上去太美丽了,所以,花朵们为能降生到这样一个世界而感到高兴。然后,花朵们互相看着彼此的样子,互相闻着彼此身上发出的香味儿。当知道她们都穿着一样的黄衣裳,跟其他树呀草呀一样美丽时,就更加高兴了。

就在这时,花朵们的头顶上传来了一个声音:

"哎呀,你们开得好漂亮啊!"

花朵们觉得这声音好熟悉,一看,一匹亲切的大马从马棚的窗口里探出头来。还以为有多可怕呢,原来马这么和善!

"马阿姨,这个世界真是一个美丽的好地方啊!"一朵花说。

"可不是嘛,我也很想让儿子赶快看看这个美好的世界呢!"马回

答道。

"什么？阿姨，你要生小宝宝了？"

"已经生出来了。不过，还闭着眼睛睡觉呢！"

花朵们很想看一看马宝宝。可是，窗户那么高，怎么看得到啊！

"哎呀，花朵们！"这时，马阿姨叫了一声，"怎么还有一个花蕾没有开花呢？"

花朵们吃惊地看了一圈。

"哪里？在哪儿呢？"

"瞧，在那儿呢！"

她们一看，油菜株上果然还有一个没开花的花蕾。

"怎么回事？"

"还在睡觉吧？"

"她大概还不知道我们已经睁开眼睛了吧？"

"她大概还不知道春天已经到了吧？"

于是，花朵们便去叫还没有开花的花蕾。

"还没有开花的花蕾，春天已经到了！快到外面来吧！"

这时，就听那个花蕾回答说：

"我已经醒来了。"

"哎呀，是吗？那就快到外面来吧。"

不一会儿，那朵花蕾分成了两瓣儿，从里面露出来一个东西。花朵们非常吃惊，因为那个东西不像花朵们一样穿着黄衣裳，而是穿着雪白的衣裳。

"哎哟,这是怎么回事?你的花瓣儿怎么是白的?"一朵花惊奇地问。

这时,窗户里的马阿姨告诉花朵们:

"那是蝴蝶!"

那真的是一只蝴蝶。蝴蝶跟花朵不同,他有翅膀,可以飞来飞去。等这只蝴蝶的翅膀硬了,他就会乘风飞翔,一会儿飞过马棚的屋顶,一会儿朝小河上飞去。不过,因为他是跟油菜花的花朵们一起长大的,所以他跟油菜花的花朵们非常要好。

"蝴蝶!"不会飞的花朵们说,"不知道马宝宝的眼睛睁开了没有,你去看看好吗?"

蝴蝶立刻从窗口飞进了马棚。

"马阿姨,你好!"

"哎哟,是蝴蝶啊,你好!"

"小宝宝的眼睛睁开了吗?"

"今天早上才睁开。"

蝴蝶一看,马宝宝正在地上的干草里,乖乖地睁着圆圆的眼睛呢。

一束火苗

当我还是个孩子的时候,我们家住在山脚下的一个小村子里。

我们家是卖灯笼和蜡烛的。

一天夜里,一个牛倌来我们家买灯笼和蜡烛。

"娃子,对不住了,帮我把蜡烛点上吧!"牛倌对我说。

我那时还没有划过火柴呢。

我战战兢兢地抓着火柴杆的一头,划了一下。顿时,火柴头燃起了一团蓝色的火苗。

我把火凑到了蜡烛上。

"呀,谢谢了。"

说完,牛倌把点亮的灯笼挂在了牛车的侧面,就走了。

剩下我一个人的时候,我想:

我点亮的火,会到什么地方去呢?

那个牛倌是山那边的人,那火也要随他翻山越岭吧?

在山里,那个牛倌说不定会遇上去别的村子里的过路人呢!

那个过路人也许会说:

"对不起,把你的火借我用用吧。"说着,他就借着牛倌的火,点亮了自己的灯笼。

后来,这个过路人就整整走了一夜的山路吧?

他也许遇见了许多拿着鼓和锣的人。

那些人说:

"我们村子里的一个孩子被狐狸给骗走了,我们正在找呢。对不起,请帮我们点亮灯笼吧!"

他们会跟过路人借火,把自己的灯笼点亮吧?会点亮长灯笼和圆灯笼吧?

后来,这些人就敲锣打鼓地,到山谷里去找孩子了吧?

直到今天我还在想:当时我给牛倌灯笼点的那一束火苗,一个传一个,一直传到很远的地方去了吧?

一年级小同学和水鸟

上学的路上,有一个大水池。

每天早上,一年级小同学们都会从那里经过。

池水中浮动着五六只黑色的水鸟。一看到它们,一年级小同学们就像往常一样,异口同声地唱起来:

水——鸟,

水鸟。

扎进水里,

就给你糯米团子。

于是,水鸟便咕咚一声,扎进水里去了,就好像听说要给它们糯米团子,很高兴似的。但是,因为这些孩子要去上学,所以没有人手里会拿着糯米团子。

一年级小同学们上学去了。

在学校里,老师这么教导他们:

"同学们,大家不许说谎啊,说谎是件很不好的事情。从前人们说过,如果说了谎,死了以后,就会被红鬼用拔钉子的钳子把舌头给拔掉的。所以,大家不要说谎啊。听懂了吗?好,听懂了的同学举手!"

大家都举起了手,因为他们都听懂了。

话说放学以后,一年级小同学们又从水池边上经过。

水鸟还在那里,就好像在等着一年级小同学们放学回来似的,正在水面上朝这边张望。

水——鸟,

水鸟。

……

一年级小同学们又习惯地唱了起来。

可是,没有人再往下唱了。因为如果唱了"扎进水里,就给你糯米团子",就等于是在说谎了。今天在学校里,老师不是刚刚教导过他们,不许说谎的吗?

那怎么办呢?

就这么走开,实在太可惜了。如果那样,水鸟也一定会觉得寂寞。

于是,大家就这么唱了起来:

水——鸟,

水鸟。

不给你糯米团子了,

　　扎进水里去吧。

水鸟还是兴致勃勃地一头钻进了水里。

小同学们这才明白,原来,以前水鸟并不是因为想要糯米团子才扎进水里的,而是因为听到一年级小同学们在招呼它们,感到高兴,才扎进水里去的。

腿

有两匹马,在窗户旁边呼呼地睡午觉。

这时,一阵清风吹过,其中一匹马打了一个喷嚏,就醒来了。

可是因为一条后腿发麻,他东倒西歪地险些摔了一跤。

"哎哟!哎哟!"

他想用力动一动那条腿,可是一点也使不上劲儿。

于是,他推醒了他的朋友。

"不好了!我的后腿被偷走了。"

"你的腿不是好好地在那儿吗?"

"不对,这不是我的,这是别的马的腿。"

"怎么会呢?"

"它根本不听我的使唤。不信,你踢一踢我这条腿看看。"

于是,朋友用蹄子砰地踢了一下他那条腿。

"这肯定不是我的腿,因为一点也不觉得疼。如果是我的腿的话,应该疼的。对,要赶快去找回我那条被偷走了的腿。"

就这样,这匹马摇摇摆摆地走了。

"哟,这里有张椅子。说不定是椅子把我的腿偷走了呢。对,踢它一脚试试看,如果是我的腿的话,就应该疼的。"

马用一条腿踢了一下椅子腿。

椅子没有说疼,什么也没说,就被踢坏了。

马又乒乒乓乓地去踢桌子腿和床腿。可是,它们都没有说疼,就被踢坏了。

他怎么找,也找不到自己被偷走了的腿。

"没准儿是我旁边那家伙偷的呢!"

这匹马想。

于是,马回到了朋友身边。然后,找个机会,砰地踢了一下朋友的腿。

"哎哟,好疼!"

朋友叫着跳了起来。

"瞧瞧,这才是我的腿呢!原来是你偷的呀?"

"你这个傻瓜!"

朋友使足了劲儿,还了他一脚。

因为麻劲儿过去了,这匹马也跳着叫了起来:

"哎哟,好疼啊!"

最后,他才终于明白过来,原来自己的腿并没有被偷走,不过是因为睡觉时压得太久,那条腿麻木了。

国王与鞋匠

有一天,国王打扮成乞丐的模样,一个人来到了镇上。

镇子里有一家小小的鞋匠铺,老鞋匠正在忙碌地做着鞋子。

国王走进鞋匠铺,问道:

"喂,我说老爷子,你叫什么名字啊?"

"问别人话时,应该再客气一点儿。"

老鞋匠不知道是国王,冷冰冰地说了一句,就又嘟嘟嘟嘟地干起活来。

"喂,你叫什么名字?"

国王又问了一句。

"我不是跟你说过了吗?跟别人说话时,应该再客气一点儿。"

老鞋匠粗暴地说完,就又接着去干活了。

国王知道自己不对了,于是便客气地请求说:

"请告诉我您的姓名吧!"

"我的名字叫马吉斯蒂尔。"

老鞋匠终于说出了自己的名字。

国王又问道:

"马吉斯蒂尔爷爷,我想悄悄地问问你,你不觉得你们这个国家的国王是一个傻瓜吗?"

"不觉得呀。"

马吉斯蒂尔爷爷回答说。

"那么,你不觉得他有小手指尖儿那么一点点傻吗?"

国王又问。

"不觉得呀。"

马吉斯蒂尔爷爷回答完,钉上了鞋跟。

"假如你肯说国王有小手指尖儿那么一点点傻的话,我就把这个送给你。没事,谁也不知道。"

国王从兜里掏出一块金表,放在了老鞋匠的膝盖上。

"只要我说这个国家的国王是个傻瓜,这个就归我了,对吗?"

老鞋匠放下握着锤子的手,看着膝盖上的金表。

"对,你只要小声说一遍,我就给你。"

国王搓着手说。

就在这时,老鞋匠猛地抓起那块表,摔到了地板上。

"快给我滚出去!再磨蹭,我就杀了你,你这个叛徒!世界上哪里还有比这个国家的国王更伟大的人啊!"

然后,他又挥了挥手里握着的锤子。

国王赶紧冲出了鞋匠铺。可当他冲出门时,头砰的一下撞到了支撑遮阳布的柱子上,撞出了一个大疙瘩。

但是,国王却心花怒放。

"我的人民多么好啊!我的人民多么好啊!"

他不停地重复着这句话,跑回王宫里去了。

小　熊

猎人进到积雪的山里去打猎。他发现了一只兔子，就在树林里的小路上追了起来，好不容易才把它打死。猎人把兔子装进袋子里，在树下歇了一会儿，就往回走。

当他越过一条山沟，来到山这边的时候，才发觉自己的帽子不见了。他想，也许是忘在了刚才歇息的地方了，就朝那边望去，只见刚才的那棵树底下，好像有个人正朝这边张望呢。

"喂——"

猎人朝那边叫了一声，

"喂——"

那边也叫了一声。

猎人只好又往回走。

"喂——喂——"

他一叫，那边树底下也挥着手，叫道：

"喂——喂——"

越过山沟，他又叫了一声，可这回对方什么也没有回答，只是高兴地在树下乱蹦乱跳。

猎人来到树底下一看,吓坏了。原来,那是一只小熊,正戴着猎人的帽子呢!猎人吓得目瞪口呆,小熊却拿着帽子来到猎人身边,把帽子交给猎人,就回山里去了。

猎人在心里谢过小熊之后,就又越过山沟,爬到山这边来了。

随后,他朝小熊远去的方向喊了一声:

"喂——"

于是,就听见了一声回应:

"喂——"

小牛犊

有一天，小牛犊跑到牛爸爸和牛妈妈那里，说："爸爸，妈妈，我浑身上下好痒啊。"

牛爸爸和牛妈妈乐得流出了口水。

"儿子，你身上发痒，是因为你身上要长出一个东西来了。来，你快到那座小山坡南面的油菜花田里去坐着吧，一直等到那个东西长出来为止。"

牛妈妈告诉他，让他自个儿去了。

小牛犊走了以后，牛妈妈满心欢喜地对牛爸爸说：

"孩子他爹，那孩子是世界上最美的牛犊了，所以，他的肩膀下一定会长出来一对翅膀，就像池塘里的天鹅一样美丽的白翅膀！"

可是，牛爸爸却摇了摇大脑袋，说：

"你说什么傻话啊！兽类怎么会长出翅膀来？兽类长出的肯定是角。不过，他的确是够勇猛的，一定会长出像鹿一样威武的带枝的角！"

"哦，不好不好，多难看啊！那么难看的东西，怎么会长在我可爱的孩子身上呢？准会长出翅膀来的。如果那孩子长不出翅膀，我宁愿把我的这条尾巴给他！"

"谁要你那条怪模怪样的尾巴啊！破绳头儿都比你的尾巴强。既然你那么说，我也不客气了。如果那小子长不出鹿角来，我宁愿把我的蹄子给他！"

牛妈妈听了，使劲儿歪了歪大脑袋，说：

"掉在路边的碗茬子，都比你的蹄子强！"

一直等在南面油菜田里的小牛犊，很快头上就长出东西来了。它们既不是天鹅的翅膀，也不是鹿角，而是一对普普通通的牛角。当小牛犊回到牛爸爸和牛妈妈身边来的时候，牛爸爸牛妈妈不停地眨巴着眼，高兴坏了，然后齐声说：

"哎呀，太好了！多漂亮的牛角啊！"

猴子和武士

一天,五位武士经过一条山道时,发现树下有一只猴子。

"把那只猴子杀了吧!"

"对,我来杀。我已经一个多月没有拔过刀了,手有点痒痒了。"

"不,还是我来杀,我的刀快!"

"不行不行,就你们那点功夫,肯定会把猴子放跑的。还是我来杀!"

"我求求你们了,还是让我来杀吧!"

可是,仔细一看,原来那只猴子已经病得不能动弹了。杀了生病的猴子也没什么用,于是,五位武士就把生病的猴子给带走了。不久,猴子的病好了,而且跟五位武士很亲近。不过,天天走在空旷的原野上,已经没有吃的了,所以,不得不杀猴吃肉了。

"你来杀吧,你不是很想杀吗?"

"不行,还是你来杀吧。我的刀刃钝了。"

"你怎么回事,不是手痒痒了吗?"

"嗯,不行,我肚子疼。"

不久,原野的远处出现了一个村子。

"啊,村子!只要到了那里,一定会有吃的,就不用杀猴子了。"

五位武士眼里浸满了泪水,他们庆幸地想,幸亏没有把猴子杀掉。

盗贼和小羊羔

柔软的草地上，如同铺了一层绿色的地毯，羊群咩咩地叫着，玩着。

这时，一个盗贼刚好从这里经过。盗贼饿坏了，突然，他看到有一只肥肥的小羊羔离开了羊群，自个儿在一处玩呢。

"那只小羊羔的味道一定不错。"

说着，盗贼就把那只小羊羔偷偷地揣进怀里，快步朝林子那边跑去。

到了林子里，盗贼放下怀里的小羊羔三步并作两步地，举起一块石头想砸死它。可是，小羊羔根本就不知道自己会被杀死，只是仰头看着盗贼的脸。盗贼突然可怜起它来了。盗贼把举起来的石头啪地扔到了对面的一棵树上，就又把小羊羔揣在怀里，忍着饥饿，来到了一个村子里。

在水车旁边，他遇到了一个背着面包的农民，就说：

"喂，能不能用小羊羔跟你换点面包？"

农民说："当然可以，喏，我可以给你五个刚烤好的面包。"

说完，就从背后的口袋里拿出了面包。于是，盗贼就用小羊羔换了面包。可是当他看到小羊羔被农民拎在手上，样子很可怜时，又突然决定不换了。

他又把小羊羔揣进了怀里，自言自语地说：

"没法子，这只小羊羔只好由我来养了。"

他继续往前走去。

走着走着，天就黑了。小羊羔想吃奶了，就叫了起来：

"咩咩，妈妈，妈妈，我要吃奶。"

"这可不好办了，我又没有奶给你吃。还是把你送回到原来的牧场上去吧。"

说完，盗贼就忍着饥饿，按着原路走了回去。

树的节日

树上开满了美丽的白花。树为自己的样子如此美丽而感到格外高兴。可是谁也不来夸他一声"好漂亮",他觉得很没劲。这也难怪,树孤零零地立在绿色原野上,根本没有人从那里经过。

柔和的风从树边轻轻吹过。风带走了树上的花香,花香穿过小河,越过麦田,又滑下山崖。最后,飘到了群蝶飞舞的土豆田里。

"咦?"一只落在土豆秧叶子上的蝴蝶,抽动着鼻子说,"好香啊!啊,好醉人的香味儿啊!"

"准是什么地方开花了吧?"落在另一片叶子上的蝴蝶说,"一定是原野当中那棵树开花了。"

接着,随着一声声惊叹,土豆田里的一只只蝴蝶全都闻到了随风飘来的花香。

蝴蝶最喜欢花香了,这么芬芳的花香,他们怎么能无动于衷呢?于是,蝴蝶们商量,决定一起飞到树那里去,为树过一个节日。

就这样,在一只最大的、翅膀上有花纹的蝴蝶的率领下,白蝴蝶、黄蝴蝶,有的像一片枯叶,有的如同一只小小的蚬贝,千姿百态地朝着花香飘来的方向翩翩飞去。他们飞上山崖，飞越麦田，又穿过了小河。

其中，最小的那只蚬贝蝴蝶，翅膀还没长结实，所以要在小河边休息一下。当蚬蝶落在小河边的水草叶子上歇息时，发现旁边的叶子后面，有一只从未见过的虫子正在那里迷迷糊糊地打瞌睡。

蚬贝蝴蝶问："你是谁呀？"

那只虫子睁开眼回答说："我是萤火虫。"

蚬贝蝴蝶邀请它说："我们要为原野中的一棵树举行一个节日庆祝会，你也一起去吧！"

萤火虫说："可我是夜里的虫子，大家不会让我参加吧？"

"欢迎你参加。"蚬贝蝴蝶左劝右劝,萤火虫终于也一起去了。

多么快乐的节日啊!

蝴蝶们好似满天的鹅毛大雪,在树的周围飞舞。飞累了,就落在白花上饱食甜美的花蜜。不过,天很快就暗了下来。黄昏了。

"真想再多玩一会儿啊,可天马上就要黑下来了。"大家无奈地叹息说。

于是,萤火虫飞回到小河边,把自己的伙伴们全都带来了。一只只萤火虫落到了一朵朵花上,树上就像点起了一盏盏小灯笼,辉煌明亮。就这样,蝴蝶们欢欢喜喜地一直玩到深夜。

乡村的春天，山里的春天

春天已经来到了原野上。樱花开了，小鸟鸣叫。

可是，春天还没有来到山里呢。山顶上，还积着白雪。

山里头住着鹿一家。

小鹿出生还不到一年，他还不知道春天是怎么一回事。

"爸爸，春天是什么样的啊？"

"到了春天，花就会开。"

"妈妈，花是什么样的啊？"

"花很美丽。"

"是吗？"

因为小鹿没有看见过花，所以他还是不知道花是什么样的，不知道春天是什么样的。

有一天，小鹿自个儿在山里面转着玩。

这时，咣——从远处传来了一个清脆的声音。

"这是什么声音呢？"

接着又是一声，咣——

因为小鹿没有看见过花,所以他还是不知道花是什么样的,不知道春天是什么样的。

小鹿竖起了耳朵听着。很快,就被那声音吸引,朝山脚下跑去了。

山下是一片辽阔的原野。原野上的樱花开了,飘来好闻的香味儿。

一棵樱花树下,坐着一位和蔼可亲的老爷爷。

老爷爷看到小鹿走过来,折了一枝樱花,别在了他小小的角上。

"哈,送你一根簪子。趁天还没黑,快回山里去吧。"

小鹿高高兴兴地回到了山里。

听了小鹿的话,鹿爸爸和鹿妈妈异口同声地对他说:

"咣的声音,是寺里的钟声!"

"你角上插着的,就是花啊!"

"当花都开了,当飘来一阵阵宜人的花香的时候,就是春天了!"

没过多久,春天也来到了山里,山里各种各样的花都开了。

小狐狸买手套

寒冷的冬天,从北方来到了狐狸母子住的森林。

一天早上,小狐狸刚要爬出洞去,突然啊地叫了一声,捂着眼睛,滚回到了狐狸妈妈的身边。

"妈妈,什么东西扎到我眼睛里了,快给我拔出来啊,快点快点儿!"小狐狸说。

狐狸妈妈吃了一惊,连忙小心地扒开小狐狸捂着眼睛的手,一看,什么也没有。狐狸妈妈跑出洞去,这才明白是怎么一回事。原来昨天

晚上下了一场厚厚的雪,白白的雪被明晃晃的阳光一照,反射出耀眼的光。小狐狸没有见过雪,被雪地强烈的反光一晃,还以为是什么东西扎进眼睛里了。

小狐狸跑出去玩了。当他在丝棉一般柔软的雪地上奔跑时,雪花纷纷扬扬地飘落下来,映出一道小小的彩虹。

这时,突然身后响起一阵可怕的声音:

扑啦啦,哗——

粉末一样的细雪,忽地一下朝小狐狸罩了下来。小狐狸吓了一大跳,没命地逃,在雪地上足足滚出十多米远。是什么呢?他想,就回头望去,可是什么也没有。原来是冷杉树枝上的雪掉了下来。枝头上的雪还在往下落,像一条条白丝线。

不一会儿,小狐狸就回到了洞里,对妈妈说:

"妈妈,我的手好冷啊!我的手冻麻了!"

说着,小狐狸就把两只冻得发红的小湿手,伸到了狐狸妈妈面前。狐狸妈妈一边呼呼地朝小狐狸的小手上哈气,一边用自己温暖的手把小狐狸的手包了起来,说:

"马上就暖和了!摸过雪的手,马上就会暖和过来的。"

狐狸妈妈想,如果儿子可爱的小手给冻伤了可不得了,天黑了,到镇上去给儿子买一双适合他戴的毛线手套吧!

黑黑的、黑黑的夜,像块包袱皮一样包住了原野和森林,但是因为雪太白了,所以不管怎么包,白茫茫的雪地都会露出来。

银色的狐狸母子从洞里走了出来。小狐狸钻到狐狸妈妈的肚皮底下,眨巴着两只圆圆的眼睛,一边走,一边东看看、西看看。

走了没多久,前方出现了一个亮光。看到亮光,小狐狸问:

"妈妈,星星怎么掉到了那么低的地方啊?"

"那可不是星星啊。"

说到这儿,狐狸妈妈的腿都发软了。

"那是镇子里的灯光啊。"

一看到镇子里的灯光,狐狸妈妈就想起上次跟朋友一起去镇子,险些送命的事。她劝朋友不要去偷人家的鸭子,可那只狐狸不听,非要去偷,结果被农民发现,追得她们没命地逃,好不容易才捡了一条命。

"妈妈,你怎么啦?快走啊!"小狐狸在妈妈的肚皮底下问道。可是狐狸妈妈却怎么也迈不动步子了。没办法,只好让小狐狸自个儿去镇上。

"儿子,伸出一只手来。"狐狸妈妈说。

狐狸妈妈握住小狐狸的那只小手，不一会儿，就把它变成了一只小孩的手。好可爱的小手啊，小狐狸一会儿张开，一会儿握住，一会儿捏捏，一会儿咬咬。

　　"妈妈，好奇怪啊！这是什么呀？"小狐狸说着，借着雪光，盯着自己变成了小孩的手，看了又看。

　　"这是人的手啊。你听好，儿子，到了镇上，会有许许多多的人家，你要先去找外面挂着一个礼帽招牌的人家。找到了，你就去咚咚地敲敲门，然后说一声'晚上好'。那样，人就会从里面打开一条门缝，你从门缝里把这只手，对，就是这只人的手伸进去，说：'请卖给我一双这只手戴上去正好的手套吧。'你听明白了吗？千万别把另外一只手伸出去啊！"狐狸妈妈嘱咐小狐狸说。

　　"为什么？"小狐狸反问道。

　　"因为人要是知道你是狐狸的话，不但不卖给你手套，还会把你抓住，关进笼子里，人是很可怕的东西啊。"

　　"嗯。"

　　"可千万别把那只手伸出去啊！这只手，对，要伸这只人的手！"说完，狐狸妈妈把带来的两枚白铜币，塞到了小狐狸的那只人手里。

　　小狐狸在雪光闪闪的原野上，摇摇晃晃地朝着镇上的灯光走去。开始的时候，只有一盏灯，不一会儿，多了一盏，又多了一盏……最后，出现了十几盏。望着灯光，小狐狸想，原来灯也和星星一样，有红的、黄的和蓝的啊。

　　很快，小狐狸就到了镇上。大街上，家家户户都已经关上了门，温暖的灯光从高高的窗户里透出,洒在道路的积雪上。

不过,挂在门外的招牌上大多都点着一盏小灯泡,小狐狸一块块看过去,找起帽子店来。自行车的招牌,眼镜的招牌,还有其他各种各样的招牌。有的招牌是新涂的油漆,有的招牌像旧墙壁一样已经开始脱漆了。第一次到镇上来的小狐狸,根本不知道这些东西到底是做什么用的。

终于找到帽子店了。妈妈在路上仔细给他讲过的那个黑色大礼帽的招牌,就挂在那里,被蓝色的灯光照耀着。

小狐狸照妈妈教的那样,咚咚地敲了敲门。

"晚上好!"

于是,从里面传来了啪嗒啪嗒的声音,门轻轻地开了一条一寸左右的细缝,一道光长长地投在了道路的白雪上。

因为那道光太刺眼了,小狐狸不禁慌了神,错把另外一只手——妈妈反复告诉他千万不能伸出的那只手,从门缝里伸了进去。

"请卖给我一双这只手戴上去正好的手套!"

帽子店老板愣了一下:哎呀,这是一只狐狸的手!狐狸说要买手套,该不会是用树叶当钱来买吧?于是他就说:"请先付钱。"

小狐狸把一直握着的两枚白铜币,乖乖地递给了帽子店老板。帽子店老板把它们捏在手指尖上,对撞了一下,立刻听到悦耳的叮咚声。他知道那不是树叶,是真正的钱,就从货架上取下了一双小孩子戴的毛线手套,塞到了小狐狸手里。小狐狸说了声谢谢,就又顺着原路往回走。

  他一边走,一边想:"妈妈说人是很可怕的东西,可是一点都不可怕啊!人看到了我的手,不是也没怎么样吗?"

  不过,小狐狸很想看看人到底是什么样子。

  当他从一户人家的窗户下边走过时,从里头传来了人的说话声。好温暖,好好听,好柔和的声音啊!

  睡吧,睡吧,

   躺在妈妈的怀抱里,

  睡吧,睡吧,

当他从一户人家的窗户下边走过时,从里头传来了人的说话声。好温暖,好好听,好柔和的声音啊!

枕在妈妈的胳膊上……

　　小狐狸想,这歌声一定是人妈妈的声音了。因为小狐狸睡觉时,狐狸妈妈也是哼着这样温柔的歌来摇晃他的。

　　这时,他听到了一个小孩的声音:"妈妈,这么冷的晚上,森林里的小狐狸也会叫好冷好冷吧?"

　　于是,妈妈的声音说:"森林里的小狐狸,这时候也躺在洞里,听狐狸妈妈唱歌呢,就要睡着了。宝宝也快睡吧,看看森林里的小狐狸和宝宝谁先睡着,一定是宝宝先睡着吧!"

　　听到这里,小狐狸突然想妈妈了,就飞快地朝妈妈等着的地方跑去。

　　狐狸妈妈担心死了,正焦急地盼着小狐狸快点回来呢!一看到儿子回来,狐狸妈妈高兴极了,真想温柔地把他抱在怀里大哭一场。

　　狐狸母子返回了森林。月亮出来了,狐狸的毛闪着银光,他们的身后留下了一串蔚蓝色的脚印。

　　"妈妈,人一点都不可怕呀。"

　　"你怎么知道?"

　　"因为我伸错手了,我把真的手伸出去了。可是帽子店老板也没有抓我呀,还给了我一双这么暖和的手套。"说着,小狐狸用戴着手套的两只小手啪啪地拍了两下。

　　"看你高兴的!"狐狸妈妈不敢相信地嘟哝道,"人真的那么好吗?人真的有那么好吗?"

狐狸母子返回了森林。月亮出来了,狐狸的毛闪着银光,他们的身后留下了一串蔚蓝色的脚印。

小狐狸阿权

一

这是我小时候,听村里茂平爷爷讲的一个故事。

茂平爷爷说,从前,我们村子附近一个叫中山的地方,有座小城楼,里头住着一位叫中山的老爷。

离中山不远的山里,有一只名叫阿权的狐狸。阿权是一只孤零零的小狐狸,他在长满了凤尾草的森林里挖了一个洞穴,住在里面。不管是白天,还是黑夜,他都会溜到附近的村子里去调皮捣蛋。有时把人家田里的白薯挖得乱七八糟,有时放火烧人家晒的油菜籽壳,有时又去揪农民家后院挂着的干辣椒。

有一年秋天,接连下了两三天雨,阿权出不去,只好待在洞里面。

雨停了,阿权松了一口气,爬出洞外。天气晴朗,伯劳鸟发出尖利的叫声。

阿权来到村里的小河堤上。狗尾巴草上的雨珠还在闪闪发光。

平常，河里的水很少，因为最近一连下了三天的雨，河水猛涨，往日岸边那些根本不会被水淹没的狗尾草和胡枝子，都躺倒在浑黄的泥水里。阿权沿着泥泞的小路，朝小河的下游走去。

突然，阿权看见河里有一个人正在干什么，他悄悄地钻进草丛深处，一动不动地向外张望。

"是兵十啊！"阿权看清楚了。

兵十卷起破旧的黑衣裳，站在齐腰深的河水里，摇晃着捕鱼的渔笼。他头上缠着头巾，一片圆圆的胡枝子叶子贴在一边的脸上，就像一颗大黑痣。

过了一会儿，兵十把渔笼后面的袋子从水里拎了出来。里面净是

些草根、草叶和烂木片等乱糟糟的东西,不过,也有些白花花的东西在闪光。原来是又粗又大的鳗鱼和白丁鱼的肚皮!兵十把那些鳗鱼和白丁鱼连同乱糟糟的东西一起,倒进了鱼篓里。然后,又把口袋扎紧,放进了水里。

后来,兵十提着鱼篓上了岸,把鱼篓放在堤坝上,又跑到上游不知去找什么了。

兵十一走,阿权嗖的一下从草丛中跳了出来,跑到了鱼篓的边上。他又忍不住想调皮捣蛋了。阿权把鱼篓里的鱼抓出来,一条接一条地朝河的下游扔去。随着扑通扑通的声响,鱼一条条地都钻到浑浊的河水里了。

他去抓最后一条大鳗鱼,可是鳗鱼太滑了,用手怎么也抓不住。阿权急了,一头扎进鱼篓里,用嘴叼起了鳗鱼的头。鳗鱼一下子紧紧地缠住了阿权的脖子。

就在这时,兵十冲着这边吼了起来:

"好哇,你这只贼狐狸!"

阿权吓得跳了起来。他想赶紧甩掉鳗鱼逃跑,可是那条鳗鱼却紧紧地缠在他的脖子上,怎么也甩不掉。阿权只好带着鳗鱼,没命地逃走了。

他逃到洞穴附近的那棵赤杨树下,回头一看,兵十没有追上来。

阿权松了一口气,把鳗鱼的头咬碎,这才把鳗鱼取下来,丢到了洞外的草丛中。

二

过了十来天,阿权走过一个叫弥助的农民家后院时,看见弥助的妻子正在无花果树下染黑牙齿。走过铁匠新兵卫家后院时,看见新兵卫的妻子正在梳头。

"嘿嘿,村子里要举行什么活动了吧?"阿权想。

"会是什么活动呢?是庆祝秋收吗?如果是庆祝活动,应该听到敲鼓吹笛子的声音啊!至少神社里应该挂幡子啊!"

阿权边走边想,不知不觉来到了门外有一口红陶水井的兵十家前面。只见快要塌了的小房子里聚集了许多人。衣着整齐、腰里掖着手巾的女人们,正在门外的灶前烧火,大锅里咕嘟咕嘟地不知煮着什么东西。

"啊,原来是办丧事啊!"阿权想。

"兵十家谁死了呢?"

过了中午,阿权跑到村外的坟地里,躲到了地藏菩萨的背后。天气晴朗,远处城楼上的瓦片闪闪发光。坟地里,石蒜花盛开,像铺了一片红地毯。这时,从村里传来了当当的钟声,这是出殡的信号。

很快,身穿白色孝服的送葬队伍就走了过来。渐渐听到了说话声。送葬的人们走进了坟地。他们走过的地方,留下了一片被踩倒的石蒜花。

阿权直起身子察看。兵十穿着白色的丧服,捧着一块灵牌,平日里像红薯一样健康的脸,今天却显得无精打采。

"噢,是兵十的妈妈死了。"

想到这里,阿权就把头缩了回去。

这天晚上,阿权在洞里想:

"一定是卧床不起的兵十妈妈说想吃鳗鱼,兵十才带着渔笼出门的。可是我呢,却捣乱破坏,把鳗鱼给偷走了。兵十的妈妈就是因为没有吃上鳗鱼才死的。她临死前,一定还想着吃鳗鱼、吃鳗鱼吧?唉,我要是不那么捣乱就好了。"

三

这天,兵十正在红陶井边上淘麦子。

以前兵十和妈妈相依为命,现在妈妈一死,就剩下他孤零零一个人了。

"兵十跟我一样,也变成孤零零一个了。"

阿权从库房后面看着兵十,这样想。

阿权离开库房,刚要走开,就听见不知从什么地方传来了卖沙丁鱼的吆喝声。

"沙丁鱼便宜啦!新鲜的沙丁鱼!"

于是,阿权就朝那里跑了过去。

这时,弥助的妻子在后门喊道:

"买沙丁鱼!"

卖沙丁鱼的那个人,把装着沙丁鱼筐的车子停靠在路边,两手抓起一把闪闪发亮的沙丁鱼,走进了弥助家。阿权趁机从筐里抓出五六条沙丁鱼,跑了回来。接着,他把沙丁鱼扔进兵十家的后门,就朝自己的洞穴跑去。跑到半道的一个山坡上,他回头一看,兵十那小小的身影还在井边淘麦子呢。

阿权想,这是自己为了赔偿兵十的鳗鱼,做的第一件好事。

第二天,阿权在山里捡了一大捧栗子,抱着来到兵十家。他从后门往里一看,兵十正在吃午饭,只见兵十端着饭碗在那里发呆。奇怪,

他的脸上还有伤!出了什么事呢?正当阿权纳闷儿的时候,就听见兵十一个人嘟嘟囔囔地说开了:

"到底是谁把沙丁鱼扔到我家里来了呢?害得我被当成小偷,被卖沙丁鱼的那家伙狠狠地揍了一顿。"

这下可闯祸了,阿权想。原来,可怜的兵十是被卖沙丁鱼的揍成了这个样子!

阿权一边这样想,一边悄悄地绕到库房的门口,放下栗子回去了。

第三天,第四天,阿权连着两天把捡到的栗子送到了兵十家。第四天不光是栗子,还送去了两三个松口蘑。

四

一个月光明亮的夜晚,阿权出去溜达玩。刚走过中山老爷的城楼下面,就听见小路那头传来了说话声,好像有人走了过来。金琵琶蛐蛐蝈铃铃、蝈铃铃地叫着。

阿权躲到路边,一动也不动。说话声越来越清楚了。原来是兵十和一个叫加助的农民在说话。

"噢,对了,我说加助啊。"

"啊?"

"这几天我身边发生了许多怪事。"

"什么事?"

"自从我娘死后,不知是谁,每天都给我送来栗子和松口蘑。"

"咦?会是谁呢?"

"谁知道呢!趁我不注意,放下就走了。"

阿权跟在他们俩身后。

"真有这样的事?"

"当然是真的了。不信,你明天来我家看看吧,我可以给你看看那些栗子。"

"啊?会有这样的怪事!"

说完,两个人便默默地走了起来。

加助无意中回头看了一眼。阿权吓了一跳,缩成一团,站住了。加助没有发现阿权,又朝前面快步走去。

两个人走进一个叫吉兵卫的农民家里。从里面传来了咚咚咚咚地敲打木鱼的声音。灯光照在窗户纸上,映出一个晃来晃去的大秃头。

"原来是在念佛啊!"

阿权一边想,一边在井边蹲了下来。过了一会儿,又有三个人走进了吉兵卫家。屋子里传出了念经的声音。

五

阿权一直卧在井边等到他们念完了经。兵十和加助又一起回家。阿权想听听两个人说什么,就踩着兵十的影子,跟在后面。

走到城楼前面的时候,加助说话了:

"你刚才说的事,准是神灵干的。"

"什么?"兵十吃了一惊,看着加助的脸。

"我刚才一直在想,那好像不是人干的,一定是神灵,神灵看你一个人孤零零的好可怜,就赐给你了好多东西。"

"是吗?"

"当然是了。所以,你只要每天好好感谢神灵就行了。"

"嗯。"

哼,阿权想,这家伙可真会胡扯!明明是我送的栗子和松口蘑,不感谢我,却去感谢神灵,那我不是就白干了?

六

第二天,阿权又到兵十家送栗子去了。兵十正在库房里搓绳子呢,阿权悄悄地从后门溜了进去。

就在这时,兵十猛地抬起了头。

咦?狐狸怎么进到家里来了?该不会是上次偷鳗鱼的狐狸阿权又来捣乱了吧?

"好吧。"

兵十站起身,取下挂在小屋里的火绳枪,装上了火药。

然后,他蹑手蹑脚地走过去,朝正要走出门去的阿权砰地放了一枪。阿权扑通一声栽倒了。兵十跑过去一看,屋子里的地上堆了一堆栗子。

"哎呀!"兵十惊讶地把目光落在了阿权的身上。

"阿权,原来是你一直在给我送栗子呀!"

阿权无力地闭着眼睛,点了点头。

咣当一声,兵十手中的火绳枪一下子掉到了地上,枪口还冒着一缕青烟。

兵十蹑手蹑脚地走过去,朝正要走出门去的阿权砰地放了一枪。阿权扑通一声栽倒了。兵十跑过去一看,屋子里的地上堆了一堆栗子。

小狐狸

一

七个孩子走在月夜里。

孩子里面有大有小。

月光从天上照下来,孩子们小小的身影映在地面上。

孩子们看着各自的影子,心想:头好大,腿好短啊!

有的孩子忍不住笑了起来。有的孩上觉得太难看,就跑了起来。

在这样的月夜里,孩子们难免会产生一些幻想。

孩子们是从一个小山村,到半里路之外的镇子去赶夜庙会的。

上了凿开的山道,乘着春夜的微风,就传来了一阵阵悠扬的笛声。

孩子们不由地加快了脚步。

这时,有一个孩子落在了后面。

"文六,快点儿!"

其他的孩子叫道。

七个孩子走在月夜里。孩子里面有大有小。月光从天上照下来,孩子们小小的身影映在地面上。

即使是在月光里,也可以看得出文六是个瘦瘦白白、大眼睛的乖孩子。他使劲儿地追赶着大家。

"可是我穿的是妈妈的木屐啊!"

文六终于撒娇地说。可不是嘛,他细长的脚上果真穿的是一双大人的木屐。

二

进了镇子没多久,路边有一家木屐店。

孩子们走进了那家木屐店。因为文六妈妈让他们给文六买一双木屐。

"啊,我说大婶!"义则撅着嘴,对木屐店的老板娘说,"这小子是木桶店清六家的小孩,给他拿一双木屐吧,回头他妈妈会来付钱的。"

为了让老板娘看清楚,大家把他推到了前面。那孩子不是别人,正是文六。文六眨巴了两下眼睛,呆立在那里。

老板娘笑了,把木屐从货架上拿下来。

木屐一定要合脚才行。义则简直就像是个父亲,帮文六试起木屐来。文六毕竟是个独苗,娇生惯养惯了。

恰好在文六穿上新木屐的时候,一位弯腰驼背的老奶奶走进了木屐店。老奶奶随口说了这么一句:

"哎呀呀,这是哪家的孩子啊,晚上买新木屐,是要被狐狸附体的!"

孩子们吃惊地看着老奶奶的脸。

"骗人,才不会有那种事儿呢。"

义则马上回嘴说。

"迷信!"

又一个孩子说。

虽然嘴上这么说,可孩子们的脸上却露出了一种不安的神色。

这时,木屐店老板娘随口说道:

"好吧,既然这样,大婶就给你施个魔法吧!"

老板娘做了一个划火柴的手势,在文六的新木屐后面轻轻地比画

了一下。

"好了,这下不怕了。这样狐狸、狸子都不会附体了。"

就这样,孩子们出了木屐店。

三

孩子们一边吃棉花糖,一边观看小童女在舞台上眼花缭乱地耍着两把扇子。小童女脸上涂着浓艳的脂粉,仔细一看,原来是"多福汤"澡堂的都音子,于是,孩子们就悄悄地耳语起来:

"那个小童女原来是都音子啊!嘿嘿。"

看小童女看腻了,孩子们又跑到黑暗的地方,去放烟花和鞭炮了。

舞台照明灯那里聚集了一大群飞虫,围着电灯飞来飞去。仔细一看,舞台正面的屋檐下,有一只土褐色的蛾子紧紧地贴在上面。

当木偶在花车上开始跳祝福舞的时候,神社里的人渐渐地少了,烟花和气球的声音也小了下去。

孩子们在花车跟前排成一排,仰头看着木偶的脸。

木偶的脸,既不像大人也不像小孩,乌黑的眼睛简直就像是真的一样,还不停地眨巴眼睛,那是因为耍木偶的人在后面拉绳子。尽管孩子们清清楚楚地知道,可是每当木偶眨巴眼睛的时候,他们还是会有一种恐怖和奇怪的感觉。

想不到,木偶突然啪地张开了嘴,吐出舌头,转眼之间,嘴又合上了。木偶的嘴里是<u>血红血红的</u>。

　　木偶的脸，既不像大人也不像小孩，乌黑的眼睛简直就像是真的一样，还不停地眨巴眼睛，那是因为耍木偶的人在后面拉绳子。

孩子们知道,这也是因为耍木偶的人在后面拉绳子。要是白天的话,孩子们一定会被逗得哈哈大笑。

可是现在孩子们却笑不出来了。在灯笼的映照下,在影子晃来晃去的光线中,木偶简直就像是活人似的,一会儿眨眼睛,一会儿吐舌头……太可怕了!

孩子们想起了文六的新木屐,想起了那个老奶奶说的话:"晚上买新木屐,是要被狐狸附体的!"

孩子们发觉自己玩得太久了,现在该回家了,还要在野地里赶半里路呢!

四

回来时也是月夜。

可是,孩子们却提不起精神来,默默地走着,像是有什么心事似的。当来到那条山道坡上的时候,一个孩子凑到另外一个孩子的耳朵上,悄悄地说了些什么。于是,听到悄悄话的孩子又跑到别的孩子身边,悄悄地说了些什么。那个孩子再去对别的孩子悄声耳语。就这样,除了文六之外,一件事情传遍了所有孩子的耳朵。

他们说的那件事情是:"木屐店老板娘没有真的在文六的木屐那儿划火柴,施魔法,只是装了装样子。"

接着,孩子们又静悄悄地走了起来。安静下来之后,孩子们又在想:

被狐狸附体是怎么一回事呢?狐狸会钻进文六的身体里头吗?

文六的样子、形状不变,心却变成了狐狸吗?那样的话,文六现在就可能已经被狐狸附体了吧?文六不说,没有人知道,但他的心可能已经变成狐狸了吧?

因为同样是在月夜,同样是在野地的山路上,所以每一个人想的事情也是一样的。于是,大家不由地加快了脚步。

当走到矮桃树环绕的水塘边上的时候,孩子中不知是谁,吭地小声咳嗽了一下。

因为是静悄悄地走路,所以大家全都听到了这轻微的声音。

于是,孩子们开始悄悄地寻问刚才是谁咳嗽的,大家很快就知道是文六咳嗽了一声。

是文六吭地咳嗽了一声!既然是这样,孩子们就想:这咳嗽声是不是有什么特殊的意思啊?再一想,这好像不是咳嗽声,像是狐狸的叫声呢。

"吭!"

文六又咳嗽了一声。

孩子们觉得文六肯定是变成狐狸了。"我们中间有一只狐狸。"孩子们越想越害怕。

五

文六家住在离大伙稍远的地方,宅子被一大片橘子园围着,孤零零地立在湿地当中。

过去,孩子们总是会从水车那里稍稍绕一个圈,把文六送到家门口。因为文六是木桶店清六的宝贝独苗,娇生惯养惯了。文六妈妈常给他们橘子和点心吃,叫他们跟文六一起玩儿。

今天晚上,去赶庙会的时候,他们也是到门口来接文六的。

大家终于走到了水车的边上。

水车旁边有一条细细的岔道,一直通到草坡下面,那是去文六家的路。

可是今晚,大家好像都把文六忘了似的,谁都不想去送他。不是记不得了,是因为怕文六。

娇气包文六以为热心的义则一定会送他回家,他一边回头张望,一边消失在了水车的阴影中。

最后没有一个人跟文六一起走。

文六只好一个人走上那条月光明亮的湿地小路。青蛙不知在什么地方低声鸣叫着。

文六想,这里离自己家没有多远了,即使没有人送也不怕。不过,平时总是有人送自己回家,偏偏今天晚上却没有人送他了。

文六虽然看上去傻乎乎的,其实心里什么都明白。他知道大家交头接耳说的是自己木屐的事,也知道是自己吭地咳嗽了一声,才弄成这个样子的。

去庙会的路上,大家还那么热心地照顾自己,可就因为晚上穿了一双新木屐可能会被狐狸附体,就再也没有人关心自己了,这让文六感到伤心。

　　义则要比文六高四个年级呢,是个热心肠的孩子。如果是平常,文六冷了,他就会脱下套在外面的袢子(乡下少年冬天在外面罩的一件短袢),给文六披上。然而今天晚上,无论文六怎么咳嗽,义则都没有说要给他披袢子。

　　文六走到了宅子外面的罗汉松篱笆墙那里。

　　他打开院子后面一扇小木门,一边往里走,一边看着自己小小的影子,突然担起心来。

　　说不定自己真的被狐狸附体了,如果是那样,爸爸妈妈会把自己怎么样呢?

六

今天晚上,爸爸去木桶店协会还没有回来,所以文六就和妈妈先睡了。

文六已经是小学三年级的学生了,可还跟妈妈一起睡。有什么办法呢,独苗嘛!

"来,跟妈妈说说庙会上的事。"

妈妈给文六理了理睡衣的领子说。

文六每天都会把白天的事情讲给妈妈听,比如学校里发生的事情,街上看到的事情,看了什么电影。

文六不怎么会讲,磕磕巴巴的,可是妈妈总是高高兴兴、津津有味地听文六讲这些事。

"仔细一看,那个小女童竟是多福汤澡堂的都音子!"文六讲着。

"是吗。"

妈妈又会意地笑着问道:"后来还有谁登台表演了呢?"

文六像是在努力去想似的,睁大了眼睛,一动也不动,不过后来还是不再说庙会的事情了,而是这样问道:

"妈妈,晚上买了新木屐,就会被狐狸附体吗?"

妈妈以为文六还要说什么,就惊讶地看着他。不过,今晚文六身上发生了什么事情,她已经大致猜到了。

"这话是谁说的?"

文六变得认真起来,又重复了一遍自己刚才的问话。

"是真的吗?"

"瞎说,哪会有这种事儿? 只有过去的人才会这么说。"

"是瞎说吗?"

"当然是瞎说了。"

"真的是瞎说?"

"真的是瞎说。"

文六沉默了一会儿。沉默的时候,大眼珠转动了两下,然后又说:

"如果真是那样的话,会怎么样呢?"

"什么会怎么样?"妈妈反问道。

"如果我真的变成狐狸了,会怎么样呢?"

妈妈忍不住笑了起来。

"说呀,说呀,说呀!"

文六害羞地用两只手推了推妈妈的胸脯。

"怎么样呢,"妈妈想了一下,说,"那就不能待在这个家里了。"

文六听了这话,脸色变得难看起来。

"那我去哪里啊?"

"听说鸦根山那边现在还有狐狸,去那里吧!"

"那爸爸妈妈怎么办?"

于是,妈妈装出十分认真的样子,说:

"爸爸和妈妈商量好啦,既然可爱的文六变成了狐狸,那我们在这个世界上也就没有什么值得留恋的了,我们决定不做人,改做狐狸了。"

"爸爸妈妈也要变成狐狸吗?"

"是的,我们俩明天晚上也去木屐店买一双新木屐,一起变成狐狸。然后,就带着文六小狐狸,去鸦根山。"

文六闪动着大眼睛问:

"鸦根山在西边吗?"

"就是成岩西南方向的那座山。"

"爸爸妈妈也要变成狐狸吗?"

"是的,我们俩明天晚上也去木屐店买一双新木屐,一起变成狐狸。然后,就带着文六小狐狸,去鸦根山。"

"很大的山?"

"是一个长着很多松树的地方。"

"有猎人吗?"

"猎人?就是拿枪的那些人吗?深山老林嘛,也许会有。"

"要是猎人开枪了,妈妈,那可怎么办啊?"

"我们三个躲在深深的洞穴里,就不会被发现了。"

"可要是下雪的话,就没有吃的了啊。出来找吃的时候,如果被猎犬发现了怎么办啊?"

"那就拼命地逃。"

"爸爸妈妈逃得快,可我还是一只小狐狸,会落在后面啊。"

"爸爸妈妈会从两边拉着你的手跑。"

"就在那么跑的时候,狗突然从后面追上来了怎么办啊?"

妈妈沉默了一下,然后显得极其认真的样子,一字一句地说:

"如果那样,妈妈就一瘸一拐地慢慢跑。"

"为什么?"

"狗就会扑上来咬住妈妈的啊,那样,猎人就会追上来,把妈妈捆起来。那样,宝贝你和爸爸就可以逃走了。"

文六吃惊地凝视着妈妈的脸。

"我不要妈妈那样,那样不就没有妈妈了吗?"

"可是只能这样啊,妈妈一瘸一拐地慢慢跑。"

"我说我不要那样了,妈妈!那样不就没有妈妈了吗?"

"可是只能这么做啊,妈妈一瘸一拐地慢慢跑……"

"我不要,我不要,我就是不要!"

文六大吵大嚷地扑进了妈妈的怀里,眼泪夺眶而出。

妈妈也用睡衣袖子悄悄地擦了擦眼角。随后,把文六踢开的小枕头,又枕到了他的头下。

你长大之前必读的66本书

一张明信片

这是一张在美丽的四方形书桌上写的明信片。美丽的书桌上,还摆着一只布熊、一只绿色的闹钟和一盏罩着蓝色灯罩的台灯。

写这张明信片的,是一个小手白白的可爱的小女孩。

"妈妈,顺便也给乡下的阿富写一张吧!"

"好啊,好主意。"

于是,小女孩这样写道:

阿富你好吗?

  前些日子收到了乡下寄来的苹果,谢谢你们了。

      春天就要来了!

写完,小女孩又翻过明信片,在背面写上了收信人的地址和姓名。

北海道××郡××村　字蟹江

森吉太郎先生

转阿富收

东京市大森区0015

石川道子

随后,这张明信片就被投到了立在街头的邮筒里。

那天晚上,小女孩躺在柔软的床上问妈妈:

"妈妈,后天,这张明信片就可以寄到北海道了吧?真的能寄到吗?"

妈妈回答说:"一点儿都不用担心,别说北海道了,就是寄到伦敦、巴黎也不成问题的。"

然而,这张明信片究竟有没有送到收信人的手里呢?

这张明信片,在东京的邮局被装进邮袋,先是用火车送到了北海道的一个大邮局;然后,又被送到了某某村的一个小邮局。在这家邮局里,这张明信片又和其他许多的邮件一起,被交到一位邮递员的手里。这位邮递员要负责把这张明信片送到蟹江村。

因为这位邮递员穿着一件大外套,穿着一双大长靴,背着一只大背包,所以乍看上去还以为是个大人呢,其实他不过是一个小学刚毕

因为这位邮递员穿着一件大外套,穿着一双大长靴,背着一只大背包,所以乍看上去还以为是个大人呢,其实他不过是一个小学刚毕业的少年。

业的少年。少年为什么会穿大人的外套和长靴呢？因为少年的父亲一个月前病倒了，不能去送信，所以少年就代替父亲当上了邮递员，穿上了父亲的长靴和外套。

少年把明信片和其他邮件一同装进大背包里出发了。他咯吱咯吱地踩着一个冬天都没有融化的坚硬积雪，去送邮件。

当一家家结着冰花的窗子里亮起美丽的灯光时，少年除了一张明信片，所有的邮件都送完了。就剩下这张从东京寄来的明信片了。

少年看了一眼明信片上的地址，叹了一口气。

"是蟹江啊！"

蟹江在小山那边的山谷里，是一个只有四五户农家的偏僻小村。那里很少有邮件。

山虽然不算高，但少年毕竟要翻山越岭。回来时，天肯定就黑了。而且，带雪的乌云已经从北方涌过来了。

少年是真的不想去。但这是他的工作，不去不行。

少年走在落叶松之间一条被踩出来的小路上，奋力向上攀登，冬天的雷鸟被少年的脚步声惊醒，扇着白色的翅膀，从路旁的雪地上啪啪地飞了起来，飞走了。

越往上爬，风就越大。冰冷的寒风吹得他眼泪直往外流，少年的手指又红又肿，耳朵像要冻掉了似的生疼。

爬过山顶，斜坡突然变得陡峭起来，一不小心就会摔跤。少年小心翼翼地看着脚下，艰难地往山下走去。然而少年还是一脚没踩稳，滑倒了,就那么顺着陡峭的斜坡一个劲儿地滑了下去,最后从悬崖上砰的一声掉进了一条深沟。

少年想爬起来,可是左腿用不上力。那条腿疼得开始发麻了。

少年用尽吃奶的力气,扯着嗓子喊:

"嗨——嗨——"可是,这喊声渐渐地弱了下去。

有一片东西扑簌落到了少年的肩上,是雪花。看到雪花,少年心里一惊。这时,雪花说话了:

"你为什么待在这里一动不动?"

"因为我的左腿摔断了。"

"你的左腿为什么摔断了?"

"因为我从悬崖上掉了下来。"

"你为什么从悬崖上掉到这里来了?"

"因为我要到蟹江去。"

"你为什么非要这个时候一个人去蟹江不可呢?"

"因为要去送一张明信片。"

"那张明信片上写着重要的事情吗?"

"我怎么知道!"

"为什么非要去蟹江送一张明信片呢?"

"因为是工作。"

"工作?工作是什么呀?"

"我怎么知道!"

不久,如同黑包袱皮一样的夜幕笼罩了山顶。和黑夜一起,薄薄的雪花也铺天盖地落了下来。

第二天早上,雪停了,天晴了。

蟹江村的人们手持铁锹,到山里来寻找少年了。当他们找到悬崖下面的深沟时,发现雪地上露着一只冻僵了的小手,小手里还攥着一张明信片。

那张明信片上这样写着:

阿富你好吗?

　　前些日子收到了乡下寄来的苹果,谢谢你们了。

　　　　　　　　　　春天就要来了!

当他们找到悬崖下面的深沟时,发现雪地上露着一只冻僵了的小手,小手里还攥着一张明信片。

音乐钟

二月里的一天,在原野一条偏僻的路上,一个十二三岁的少年和一个三十四五岁上下、怀抱皮包的男人,朝着同一个方向走去。

这是一个风和日丽的日子,霜已经融化了,道路泥泞。

人影映在枯草上。乌鸦发现了两个人的身影,惊慌地向堤坝那边飞去,飞过堤坝时,乌鸦那乌黑的脊背在耀眼的阳光下,闪了一下。

"小朋友,你一个人到哪里去呀?"

男人跟少年搭讪。

少年插在兜里的手前后摆动了三下,露出亲昵的笑容。

"进城去啊。"

男人像是在想:这孩子倒是不认生啊!

于是,两个人就开始聊了起来。

"小朋友,你叫什么名字?"

"阿廉。"

"阿连?你是连平呀?"

"不对。"

少年摇了摇头。

"那就是连一。"

"不是的,叔叔。我就叫阿廉。"

"是吗。怎么写?是连队的连字吗?"

"不是。一点,一横,一撇,再点两点……"

"好难写呀!叔叔可不认得那么难写的字呀。"

少年用碎木片,在地上写了一个大大的"廉"字。

"嗯,果然是个难认的字呀!"

两个人又向前走去。

"叔叔,是清廉洁白的廉字呀。"

"噢,是清廉的廉呀。"

"清廉洁白就是不做任何坏事,即使是到了上帝面前、被警察抓住,也不害怕的意思。"

"是吗,被警察抓住也不害怕啊。"

"叔叔,你在连队里待过吗?"

"嗯,那是很久以前的事儿了。"

"不会叫你回去吗?"

"不会,因为我一直待在别的地方。"

"什么地方?"

"跟连队差不多的地方。"

说着,男人笑了笑。

"叔叔,你的大衣兜真大呀!"

"嗯,那是因为大人的大衣大,所以兜大。"

"暖和吗?"

"衣兜里吗?那当然暖和了,热乎乎的,就像装着个暖炉一样。"

"我把手伸进去试试行吗?"

"小家伙,亏你说得出来。"

男人笑了。不过,就是有这样的少年,一旦熟了之后,不去摸摸对方的身体,不把手伸进对方的兜里就不甘心。

"可以伸进来。"

少年把手伸进了男人大衣的兜里。

"什么呀!一点都不暖和。"

"哈哈,是吗?"

"还不如我们老师的兜里暖和呢。早上我们上学时,轮流着把手放进老师的兜里去。就是木山老师。"

"是吗。"

"叔叔的兜里好像有个又硬又凉的东西,是什么呀?"

"你猜是什么?"

"是用金属做的……好大啊……上面好像有发条那样的东西。"

突然,从男人的兜里传出了优美的音乐声,把他们俩都吓了一跳。男人连忙压住兜盖,可音乐没有停下来。男人环视了一下四周,见除了少年之外没有别人,这才松了一口气。如同天堂里的小鸟在歌唱一般优美的音乐,还在继续响着。

"叔叔,我知道了,这是闹钟吧?"

"嗯,叫音乐钟。你碰到了发条,所以就响了起来。"

"我很喜欢听这种音乐声。"

"是吗,你听过这音乐?"

"嗯。叔叔,我能把它从兜里拿出来吗?"

"不用拿出来。"

这时,音乐声停止了。

"叔叔,再让我听一遍好吗?"

"嗯。没有别人听到吧?"

"叔叔,你为什么要那么东张西望的呢?"

"因为要是给别人听到了,人家会觉得奇怪的。一个大人,却在摆弄小孩的玩具。"

"那倒是。"

男人的兜里又响起了音乐声。

　　突然,从男人的兜里传出了优美的音乐声,把他们俩都吓了一跳。男人连忙压住兜盖,可音乐没有停下来。男人环视了一下四周,见除了少年之外没有别人,这才松了一口气。

他们俩听着那音乐,默默地走了一段路。

"叔叔,你走路的时候总是带着这个玩意儿吗?"

"嗯。奇怪吗?"

"有点怪。"

"为什么?"

"我常去玩的那家药店的大爷家里,也有一个音乐钟,可他们像把它当宝贝似的,放在橱窗里。"

"原来你常去那家药店玩呀。"

"嗯,常去。因为我们是亲戚。叔叔你也认识他们吗?"

"嗯……叔叔也沾点亲。"

"药店的大爷可珍惜那只音乐钟了,怎么也不肯让我们这些小孩子碰……啊,又停了。再让我听一遍好吗?"

"你还没完没了了!"

"就再让我听最后一遍吧。啊,叔叔,好吗?啊,啊,响起来了。"

"你这个小家伙,自己弄响了,还装蒜,真鬼呀!"

"不是我。我的手只稍微碰了它一下,它就响起来了。"

"别装蒜了。后来呢,你常去那家药店吗?"

"嗯,离我家很近,所以我常去。我跟大爷很要好。那个大爷是日俄战争的勇士,他的左胳膊上还留着子弹的伤痕呢!"

"是吗?"

"不过,他怎么也不肯给我们讲日俄战争的事。"

"是吗?"

"大爷说俄国使用了机关枪。"

"是吗?"

"大爷还说,他当时昏死过去了,后来醒了,发现自己在俄国兵中间,就拼命地逃了出来。"

"是吗?"

"不过,他怎么也不肯提那些事。他说,音乐钟是凯旋归来时在大阪买的。"

"是吗?"

"不过,他怎么也不肯给我听音乐钟。音乐钟一响,大爷的脸就会沉下来。"

"为什么?"

"大爷说,他一听到音乐钟的声音,不知为什么就会想起周作来。"

"哦?……是吗?"

"周作是大爷的孩子。是个不良少年,学校一毕业,就不知去了什么地方。已经是很久以前的事了。"

"那药店的大爷是怎么说那个叫周作的……的儿子的?"

"说他是个混账东西。"

"是吗?是呀,是个账帐的东西。哎呀,已经停了。小朋友,只能听最后一次了啊。"

"真的?……啊,多好听的声音呀!我妹妹彩子特别喜欢音乐钟,哭着闹着要在临死前再听一遍那种声音,我就跑到药店大爷那儿借来给她听了。"

"……她死了吗？"

"嗯，前年过节前死的。林子里还有她的坟呢，就在爷爷的坟旁边。彩子的坟，是爸爸用从河滩上拣来的大圆石头垒成的。她还是个孩子呢！后来，在她的忌日那天，我又从药店借来了音乐钟，在林子里给彩子听。它在林子里响时，会发出很清脆的声音。"

"嗯……"

两个人走到了一个大池塘边上。只见对面有两三只黑黑的水鸟浮在水面上。看到它们，少年从男人的兜里抽出手来，拍着双手，唱了起来。

　　鹏鹏(pì tī)，

　　鹏鹏，

　　来吃糯米团，

　　快快钻过来！

听了少年唱的歌,男人说:

"现在还在唱这首歌吗?"

"嗯,叔叔,你也会吗?"

"叔叔小时候,也是这样叫着鹬鹬玩儿。"

"叔叔小时候,也常走这条路吗?"

"嗯,直到去城里读高中的时候。"

"叔叔,你还会回来吗?"

"嗯……还不知道怎么样呢。"

他们来到了一个岔路口。

"小朋友,你往哪边走?"

"这边。"

"是吗?那就再见了。"

"再见。"

剩下少年一个人的时候,他就又把手插在兜里,蹦蹦跳跳地走了起来。

"小朋友,等一下。"

男人从远处叫道。少年一下子站住了,向那边望去,因为男人不住地挥手,所以,他又走了过去。

"喂,小朋友。"

少年走近后,男人显得有些难为情地说:

"说实话,小朋友,叔叔昨晚就在那家药店里住了一夜。可是,今天早上离开时,稀里糊涂的,错把药店的钟给带出来了。"

"……"

"小朋友,实在对不起,我错把这只钟,还有这个带出来了。"他从大衣里面的兜里掏出一个小怀表,"麻烦你帮我还给药店吧。啊,行吧?"

"嗯。"

少年两手接过音乐钟和怀表。

"你就替我跟药店的大爷说一声吧。再见!"

"再见!"

"小朋友,你叫什么名字来着?"

"清廉洁白的廉呀。"

"嗯,对了,清廉……"

"洁白!"

"嗯,洁白。记住,你一定要做一个诚实的人。这回真的要再见了。"

"再见。"

少年两手拿着钟,目送着男人走了。男人的身影渐渐变小,不久就消失在稻草垛那边了。少年快步走了起来。走着走着,好像觉着有什么不对头,就歪了歪脑袋。

过了一会儿,少年身后有一辆自行车追了上来。

"哎呀,药店大爷!"

"噢,阿廉,是你呀。"

一个上了年纪的大爷,脖子上围着一圈又一圈的围脖,从自行车上跳了下来。紧接着,话还没来得及说,就是一阵上气不接下气的咳嗽。那咳嗽声,如同冬夜风吹枯木树梢发出的呼呼声。

"阿廉,你是从村里走到这里来的吧?"

"嗯。"

"那你没跟一个从村里出来的男人一起走吗?"

"一起走啦。"

"哎呀,这,这钟,你怎么……"

老人的眼光落在了少年手上抱着的音乐钟和怀表上。

"他说在大爷家拿错了,让我还回去。"

"让你还回去?"

"嗯。"

"是吗?那个混账东西!"

"哎呀,他是谁呀?大爷。"

"他呀……"

说着,老人又咳嗽了半天。

"他就是我家周作。"

"嗯?真的?"

"昨天,隔了十年回家来了。他口口声声地对我说,这么些年净做坏事了,这回要改邪归正,在城里的工厂好好干活,我就留他过了一夜。没想到今天早上趁我不注意,他老毛病又犯了,偷走了这两只表。那个浑蛋!"

"不过,叔叔说是拿错了,不是真的想拿走。他还对我说,人一定要清廉洁白。"

"是吗?……他真那么说了吗?"

少年把两只钟表交给了大爷。老人接过钟表时,手颤抖着,一下碰到了音乐钟的发条。于是,那优美的音乐声又响了起来。

老人、少年和立在那里的自行车,在辽阔的荒野上投下影子。他们久久地、入迷地听着。老人的眼里泛出了泪花。

少年的视线离开老人,朝刚才那个男人消失的稻草垛那边望去。

原野尽头的天边飘着一朵白云。

无名指的故事

在南方温暖的小镇里,有一位做木鞋的老鞋匠,一天到晚埋头干活儿。老鞋匠的眼睛像大象的眼睛一样小,睡眼惺忪的,鼻子和手掌却要比别人的大一倍,而且很难看。可就是这双很难看的手,做出的木鞋却非常漂亮,就好像是从魔术师的手里变出来的一个个小生灵。

孩子们整天蹲在店前面的遮阳帘下,看老爷爷干活儿。因为老爷爷的鞋子做得实在是太漂亮了,孩子们不由得发出一阵阵赞叹声。

可是,就是这么一双灵巧的手,不小心也会出错呢!因为老爷爷左手的无名指没有了。大概老爷爷还是一个木鞋店的小学徒时,夜里干活儿打瞌睡,凿子尖一滑,正好把那只手指给切掉了吧?

"马汤(马汤是老爷爷的名字)爷爷,做木鞋匠很难吗?"

有一天,一个很想成为木鞋匠,但又怕切掉手指头的孩子这样问道。马汤爷爷听了,反问他道:

"为什么呢?"

"爷爷的无名指不是被凿子切掉了吗?"

"噢,你是说这个呀。"马汤爷爷摊开左手掌,看了看说,"它可不是

被凿子切掉的。"

听了这话,孩子们知道以前猜错了,他们心里涌起了一种不可思议的感觉,同时,也更加好奇了。

"那是怎么没有的呢?"刚才的那个孩子认真地问。

"唔。"

马汤爷爷的嘴角浮现出一丝微笑,只见他把没有无名指的大手一会儿张开,一会儿攥成拳头,反复了两三回。然后,才把脸转向孩子们,说:

"你们把手伸出来给我看看!"

孩子们有点害怕,谁也不肯把手伸出来。

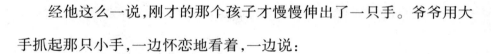

"怎么了?我不会把你们怎么样的。"

经他这么一说,刚才的那个孩子才慢慢伸出了一只手。爷爷用大手抓起那只小手,一边怀恋地看着,一边说:

"是啊,失去无名指的时候,我这只大手也跟这只小手一般大啊。别看它现在跟树根一样粗糙了,可那时候,也像这只小手一样好看、细嫩呢!"

接着,马汤爷爷又说:

"我是怎么失去无名指的呢,我来说给你们听吧!"

说着,他又操起凿子,弯下腰,开始凿起木鞋上的洞眼来。

大约在五十年前,马汤爷爷还是一个脸蛋儿红扑扑的可爱少年。那时候,马汤还住在北方一个古老的村子里,是孤苦伶仃的母亲一手把他养大的。

村子里有很多苹果树,明媚的夏天会开出雪白的花,四处飘香。天一冷,那些花就变成了玉石一样美丽的果实。

一天,少年马汤在路边捡到了一个核桃,这时正好是苹果成熟的季节。

"原来是个没用的东西。"

马汤把捡到的核桃又扔了。因为那核桃没有果实,只是一个空壳。可扔掉之后,又觉得可惜,于是他又把它捡了回来。

能不能用它做件什么东西呢?他一边想,一边摆弄来摆弄去,刚好套在了左手的无名指上。

"啊,帽子,帽子。"

马汤自己觉得好玩儿,就一个人笑了起来,还顺口编了一首歌:

无名指,

无名指,

戴帽子的无名指,

啦啦啦。

他把核桃壳套在无名指上,一会儿弯曲,一会儿伸直,向前走去。

他看见一堵高耸的石墙下,孤零零地坐着一个女孩。

"朱丽叶,你看!"

马汤说着走了过去。

"看呀!这只手指头会鞠躬,朱丽叶,你好!"

女孩看见套着核桃壳的无名指向她鞠躬,便笑了。可那双大大的绿眼睛里却是泪水汪汪。

马汤没有问她为什么哭。因为他知道,朱丽叶的母亲长年卧床不起,父亲是一个酒鬼,很少回家来。他知道朱丽叶吃不上面包,喝的水也是凉水。还知道,她那个酒鬼父亲偶尔回到家里,就会把朱丽叶赶出家门。今天可能又是父亲回来了,她才被赶出来了吧?

马汤和往常一样,想去安慰朱丽叶。可是怎么安慰她才好呢?要是有饼干,哪怕只有一块,也可以分着吃呀!突然,马汤抬头开见了四五个熟透了的红苹果。果树长在墙里面,只有苹果垂在墙头上。

马汤想摘下一个苹果送给朱丽叶。马汤为什么会想要摘别人家的苹果呢?只要回到家里,院子里的苹果要多少有多少。马汤也知道摘别人家的苹果不好。可是,他一心只想着要安慰朱丽叶,所以就没

有工夫去考虑那么多了。

"你等着。"

说完,马汤就朝修车铺那边跑去了。修车铺边上,垒着好多老朽的旧轮胎。马汤把其中的一个,咕噜噜地转着推了过来,靠在了石墙上。

用白头巾裹着小圆脸蛋的朱丽叶,默默地看着,她不知道马汤要干什么。马汤攀着靠在墙上的轮胎向上爬去,然后,把手伸向了苹果。

"啊,那可不行。"朱丽叶连忙叫了起来,"马汤,不能那么做。"

说着,她就去拉马汤的右手。

可这时,马汤的左手已经抓住了一个苹果。

墙里面,大财主正手持剪刀,让小姐拿着篮子,一边挑选颜色好看的苹果,一边咔嚓咔嚓地剪呢。当马汤的手伸到苹果那里时,大财主刚好就站在那棵树下。

"马汤,我说了,那样不行!"

朱丽叶去拉马汤的右手,马汤一下子就被拉了下来。可不知为什么,只见他捂着左手,脸色煞白,当场就瘫倒在那里。

"啊!马汤!"

朱丽叶失魂落魄地尖叫起来,用围裙蒙住了脸。

"我的无名指就是这么失去的。"

老爷爷已经做好了另外一只木鞋。孩子们听得目瞪口呆。

"就那么戴着核桃壳被剪掉了。"

老爷爷一边抖落积在膝盖上的木屑,一边说。

"很疼吧?"

一个孩子问道。

"疼。要是你们,肯定会疼得跳起来哭的。"

"回到家里没有挨妈妈骂吗?"

又一个孩子问。这个孩子每次在外面受伤回家后,都要挨妈妈骂。

"挨骂了。妈妈狠狠地骂了我一顿。不过,骂完了之后,妈妈把我的手贴在胸前,哭着说:'可怜的孩子,可怜啊!谁会做出这种狠心的事呢?'"

"大财主来道歉了吗?"

其中一个年龄最大的少年问道。

"他是不会来道歉的。因为他说了,是偷苹果的人不对。"

孩子们不出声了。他们一定在想,偷苹果是不对,可也不能因为偷了一个苹果就剪掉人家的一根手指啊,这未免太残酷了吧!

"后来,那只无名指怎么样了呢?"

那个想成为木鞋匠的孩子蹲在最前边,问道。

马汤爷爷被他那认真的样子感动了:"还想听吗?那我就说给你们听一听吧,等一下啊!"

夕阳已经西斜了,马汤爷爷收起孩子们头上的遮阳布,然后坐在工作台上,又开始凿起下一只木鞋来了。

正坊和大黑

一

过去有一个到各村巡回演出的马戏团。马戏团很小,只有十个艺人和一只老黑熊、两匹马。马除了登台表演之外,每次马戏团转场时,它们还要披上红呢毛毯负责拉行李车。

有一次,他们来到一个村子里。团员们分头把红红黄黄鲜艳的海报,贴到了香烟店的墙上和澡堂的墙上。村子里的大人和小孩围着散发着浓浓墨香的海报,欢天喜地,好像过节一样。

帐篷搭好已经三天了。这天下午,观众席上响起了一阵欢呼声和鼓掌声,千代跳完了舞,轻轻地抖动着粉红色的裙子,退回到后台。接下来,该轮到老黑熊大黑出场了。耍熊的五郎身披一件褪了色的紫色金丝绒上衣,脚蹬一双长靴子,一边啪啪地抽打着鞭子,一边走到笼子旁边。

"来,大黑。该你上场了,你可要听话啊!"

五郎笑着打开了笼子的铁门。可不知为什么,大黑没有像往常那样立刻站起来。五郎一愣,弯下腰一看,大黑浑身是汗,闭着眼睛,牙齿打战,直喘粗气。

"不得了啦,团长!大黑好像闹肚子了。"

团长和其他团员都围了上来。五郎和团长两个人打算给它喂竹叶裹的黑药丸,可是大黑紧咬牙关,口吐白沫,摇晃着脑袋,怎么也不肯张开嘴。不一会儿,大黑的肚皮一鼓一鼓的,随后它就趴在地上,像一只陀螺似的,在笼子里乱转起来。转了一会儿,它又扑通一下倒在了稻草堆上,大口大口地喘气,无力地眨巴着眼睛。

啪啪啪,观众席上响起催促下一个节目的掌声。于是,只好让扮演小丑的演员佐吉先登台表演。

这时,不知是谁叹了口气,说:

"要是正坊在,它就会吃药的。"

团长连忙用粗哑的嗓音命令道:"对,千代,你去把正坊找来。"

千代牵来一匹马,也顾不上换服装,就迅速跨上马,沿着白色的田间小道,朝邻村跑去了。

二

正坊第一天表演爬梯子时,扭伤了脚,住在邻村的医院里。

正坊病房的窗前,有一棵梧桐树,伸展着叶子,它那绿色的影子投进了房间里。

正坊穿着白色的睡衣,正坐在病床上,一边望着玻璃窗外,一边想:这梧桐的树干像大象的腿一样粗呢。

就在这时,门外传来了马蹄声。不一会儿,就听见有人沿着走廊朝这边走来。当看到千代的脸出现在门口时,正坊高兴得跳起来。

"姐姐,我已经全好了。刚才我还在床上翻跟头呢!"

千代总是像对待亲弟弟一样地疼爱正坊。

"哟,这么快就好了,太好了。正儿啊,不得了啦。大黑闹肚子了,给它吃药它也不吃。大家都很为难,所以我就跑来叫你了。"

"大黑?好,我这就回去。我已经全好了。"

两个人得到院长的同意,就一起骑马回去了。护士一直把他们送到了大门外。

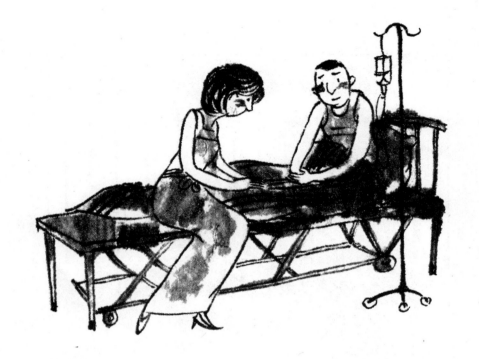

三

"大黑,是我啊,大黑!"

正坊左手托着药丸子,右手轻轻地摸着大黑的鼻子。大黑比刚才平静了一些,但是眼睛仍然混浊不清,显得无精打采的。呼哧呼哧地喘气的时候,沾在鼻尖上的稻壳就会一动一动的。

正坊一下子想起来了,便"啦啦啦啦啦"地唱起了《勇敢的水兵》。

这是正坊和大黑每次上场时的欢快乐曲。大黑听到正坊的歌声后,微微抽动了一会儿耳朵,然后突然站了起来。正坊迅速把手里的药丸塞进它的嘴里,大黑一下子就把药丸吞了下去。

自从发生了这件事以后,正坊和大黑更成了一对形影不离的好朋

　　大黑听到正坊的歌声后,微微抽动了一会儿耳朵,然后突然站了起来。正坊迅速把手里的药丸塞进它的嘴里,大黑一下子就把药丸吞了下去。

友。而且,他们也成了团里最受观众欢迎的演员。

还有一次,也是在一个村子里演出的时候,因为一直跟正坊和大黑出场的喜剧小丑佐吉从剧团逃跑了,只好由大胖子团长代替他的角色。

"大黑,该咱们上场了!"

正坊把大黑从笼子里放出来,然后像往常那样,一边摸着大黑的鼻子,一边把大黑最喜欢吃的饼干塞进了它的嘴巴里。

阿留爷爷在舞台上用喇叭奏起了《勇敢的水兵》。

啦罗啦啦,啦啦啦,

啦罗,啦罗,啦,

啦罗啦啦,啦罗啦,

啦罗,啦罗啦。

啦罗,啦罗,啦罗啦,

啦罗,啦罗,啦。

正坊戴着一顶插着白色鸟羽的军帽,腰间挂着一把金光闪闪的玩具宝剑,扮成一个将军的模样,骑在大黑的背上。大黑踏着喇叭的节奏,精神抖擞地走到了台上。

"现在上场的是,吊儿郎当将军和他的宝马大黑!"

阿留爷爷介绍完了,正坊就从大黑的背上骨碌一下滚了下来,亮了一个相。观众们哄堂大笑,拍起了巴掌。

"将军现在出发,要去打败盗贼!"

大黑啊的一声张开了血盆大口。将军正坊骑在大黑的背上,从口袋里抓出饼干,塞进了大黑的嘴里。大黑把正坊的整只手连同饼干全都含进了嘴里。正坊故意惊讶地眨巴着眼睛,又做了一个从大黑背上滚了下来的动作,逗观众们发笑。

不一会儿,装扮成盗贼的团长,手持贴着锡纸的明晃晃的大刀出场了。吊儿郎当将军见了,大吃一惊,哆哆嗦嗦地扔掉手里的宝剑,连忙搂住了大黑的脖子。观众席里的小孩子们又是一片哄堂大笑。

"站住!"

团长绷着贴满了假胡子的脸,瞪着凶狠的三角眼,摆出了架势。大黑看着团长那张可怕的脸。

平时,团长怒骂正坊的时候就是这张脸。于是,大黑以为团长又像平时那样真的生气了,要用竹刀砍正坊。

"站住!"

团长又挥起了大刀。只见大黑呜呜地吼了一声,一口叼起正坊,眨眼工夫就穿过观众席,跑到帐篷外面去了。

这下可把观众和团长、阿留爷爷给吓坏了。

正坊也惊呆了。

正坊被大黑放到外面的草坪上。他温柔地抚摸了一遍大黑的头和后背,安慰它,让它镇静下来。然后,好不容易才把它带到台上,先向观众道歉,又向一身盗贼打扮的团长赔不是。想不到,观众反而更加高兴地喝起彩来。团长不由得苦笑了一下。

四

小小的马戏团坚持在各村巡回演出,但收入太少,勉强够大家填饱肚子。

没有多久,一匹马病死了。

"真是太可惜了!"

不仅是团长,阿留爷爷、千代、正坊、五郎他们都围在马的尸体旁连声叹息。

又过了一个月。一天早晨,睁眼一看,只剩下团长和千代、正坊三个人了。其他艺人都逃离了小帐篷。

这样一来,再也无法巡回演出了。无奈,团长也只好决定解散马戏团。

大黑被关在笼子里,用车拉着,卖到城里的动物园去了。

马、天幕和桌椅也被卖掉了,钱给了正坊和千代。

"什么都没有了,团长你怎么办啊?"

正坊问道。

团长凄凉地笑着说:

"我是两手空空地从家里出来的,现在就再两手空空地回家去吧。"

团长委托镇上的警察,安排正坊和千代进了一家针织厂。

五

自从被送到动物园之后,大黑整天无精打采地望着蓝天。那样子就仿佛在想:正坊和千代怎么样了呢?真想再见到他们,再听到那《勇敢的水兵》的乐曲声啊!

铁笼子前面每天挤满了孩子,他们穿着各式各样的衣服。大黑想,也许正坊和千代也在里面呢,就从笼子里来回向外张望。如果是正坊,他就会穿着红白相间的横条衣服,一看就知道。正在它像做梦一样呆呆地想着的时候,头顶传来了一个熟悉的叫声。

"大黑!"

大黑抬起忧郁的眼睛,朝发出声音的方向望去。

呜呜呜呜,呜呜呜,

呜呜呜呜呜

呜呜呜呜,呜呜呜,

呜呜呜呜呜,

正坊哼起了《勇敢的水兵》。大黑全身的血都沸腾了似的,猛地直起身,像在马戏团里一样,踏着节奏在笼子里来回走了起来。然后,它从铁格子里伸出嘴,亲切地看着正坊。虽然正坊没有穿横条衣服,但它还是认出来了,嗷嗷地高声叫着,发出了悲喜交加的声音。

正坊笑盈盈地从兜里掏出饼干,塞进了大黑的嘴里,一遍又一遍地抚摸着它的鼻尖。

千代站在正坊的身后,热泪盈眶地看着这一切。他们俩是利用第一个休息日来看望大黑的。